Rue de Nieuwenhove, 41. 1180 Bruxelles-Belgique
Rue Docteur Paul Brousse, 9-75017 Paris-France
www.leseditionsdelarbre.fr

Les Editions de l'Arbre sont sur Facebook , venez dialoguer avec nos auteurs , visionner leurs vidéos et partager vos impressions de lecture.

Dépôt légal : D/2009/10.741/10 – ISBN : 978-2-87462-033-1
EAN : 9782874620331

23 ans chez les Témoins de Jéhovah

Michèle Bastin

« Il faut toujours chercher à rendre la parole
à ceux qui en sont privés. »

Christine Ockrent

Chapitre I

Ma vie avant de les connaître

Mes parents se rencontrent pendant la Deuxième Guerre mondiale, dans une infirmerie où Maman est aide-soignante pour les grands brûlés. Réformé à cause de sa malformation à la main gauche, Papa avait rejoint les rangs de la Résistance. Une sortie au cinéma officialise leur amour. Mon père, très pudique, refuse que ma mère s'asseye à côté de sa main difforme. Obstinée, elle s'installe et lui prend cette même main pendant toute la séance.

Leur projet d'union n'est pas facilement accepté. Mon père est considéré par sa famille comme un vendeur de lacets sans avenir. Qu'importe. Le mariage a lieu le 5 juillet 1945. Ma mère porte une robe de mariée confectionnée à partir de la toile d'un parachute. Alice, tante de Papa et demoiselle d'honneur, assiste avec beaucoup de joie à l'événement. Elle occupera une place importante dans ma vie.

Mon père trouve un emploi stable comme magasinier dans une société d'eau minérale. L'horizon financier dégagé, ils décident d'avoir un enfant. Mais là encore, rien n'est simple : Maman fait une fausse couche après que la foudre soit tombée à quelques mètres d'elle. Elle devra subir une opération de la matrice pour être à nouveau enceinte.

Enfin, elle m'attend, ils m'attendent. Ils espèrent intimement tous deux que ce bébé sera un garçon, Michel. Le prénom est à la mode à l'époque.

Maman finit de tricoter la layette. Le petit lit en bois est prêt. Les contractions durent toute la nuit. Je lance mon premier cri à 7h30 du matin.

Stupéfaction : c'est une fille !

– Oh, mon Dieu ! Qu'elle ressemble à son grand-père ! Qu'elle est laide !

« Michel » se transforme en « Michèle » lors de ma déclaration de naissance à la Mairie.

*

* *

Maman travaille à présent comme ouvrière à l'usine. Personne ne peut s'occuper de moi, sauf tante Alice, qui n'a ni enfant ni mari. Sa soixantaine active et son chignon gris garni de peignes font d'elle une véritable Mamie anglaise. C'est elle qui m'élèvera dorénavant. Sa maison est à une centaine de kilomètres de celle de Papa et Maman. Je vis à trois ans mon premier exil.

Mes parents travaillent beaucoup, mais viennent me voir de temps en temps, le samedi. Je dévale la prairie dès que j'entends les premiers ronflements du moteur de la moto et je me jette dans les bras de Papa, tandis que Maman s'empresse de m'embrasser. Ce sont les rares souvenirs de moments de plaisir passés avec mes parents. J'ai souvent le sentiment d'être mise à l'écart.

Mon grand-père paternel meurt. Cela faisait bien longtemps que Papa ne lui parlait plus. J'assiste aux funérailles. Je suis très impressionnée par ce premier enterrement.

De retour chez mes parents, je rencontre des problèmes à l'école primaire. Je lis mal. Chaque jour de la semaine, mais aussi le dimanche et les jours de vacances, qu'on soit chez des amis ou dans la famille, Papa me fait faire une dictée. Je dois toujours avoir un cahier avec moi, peu importe le jour, peu importe l'endroit ! Ces dictées me poursuivent partout. J'éprouve encore aujourd'hui de l'angoisse rien qu'à en parler.

Papa contrôle sans arrêt mes connaissances en calcul mental et en conjugaison.

– 7x9, 6x7 ? Alors, réponds !

Ma fourchette n'a pas le temps d'arriver à ma bouche.

– Première personne du singulier au plus-que-parfait du verbe mourir ?

Ras-le-bol. Je proteste. Je reçois mes premiers coups de ceinture…

C'est au cours de mes études secondaires que j'entends parler pour la première fois des Témoins de Jéhovah.

À l'époque, apprendre que ces gens pratiquent le baptême à l'âge adulte, dans des piscines, me faisait bien rire. J'étais loin de me douter qu'un jour, je vivrais moi-même ce type d'initiation.

Mes parents ne peuvent faire face à mes difficultés de lecture – on se rendra compte plus tard que je suis dyslexique – et m'envoient à nouveau loin d'eux, chez les Sœurs de la Miséricorde.

L'école est une véritable prison. Des barreaux à toutes les fenêtres. Et des murs immenses. Quand j'y reviens le dimanche, après avoir passé le deuxième porche, je cours aux toilettes pour pleurer. Les sœurs font preuve d'empathie envers ma personne. C'est l'une d'elles, sœur Gabrielle, qui m'expliquera les transformations que subit mon corps, avant mes premières règles. Une mission dont ma mère s'est déchargée.

Avec mon col blanc, un tablier de satin noir et un béret de velours bleu marine, je m'arrête chaque jour devant la Vierge plantée au milieu du jardinet. Elle me fascine, tout comme l'église. La croyance a toujours fait partie de moi. À Noël, je plaçais avec mes parents le petit Jésus dans la crèche à minuit. Et Papa tirait douze coups avec sa carabine. Ensuite, nous allions ensemble à la messe.

Le jour de ma communion solennelle, je ressemble à une mariée avec ma grande robe de dentelle blanche. Je me vois encore jeter des pétales de roses dans la rue comme le voulait la tradition à l'époque.

Papa continue à me faire répéter mes leçons pendant le week-end. Selon ses dires, je suis vraiment destinée à faire de bonnes études. Il m'aide dans toutes les branches. J'en suis contente parce que je ne suis pas livrée à moi-même, mais cela me pèse que tous les moments récréatifs soient toujours interrompus par une plage d'étude.

À la maison, je me couche tous les soirs à 20 heures. Avant cela, j'ai l'autorisation d'aller regarder la télévision chez les voisins, qui ont un fils. Premiers baisers. Papa nous surprend. La sanction est terrible.

Devenue interne au lycée, je découvre une vie plus gaie. Je m'entends très bien avec les professeurs et les copains et j'éprouve un grand sentiment de liberté ! Mon meilleur souvenir reste, sans conteste, mon implication dans le journal de l'école en tant que rédactrice en chef. Je suis aussi élue présidente du club de biologie. Après le repas du soir, je me promène dans les couloirs de l'internat avec les plus jeunes sur mes épaules. Nous dansons tous ensemble sur le générique de l'émission radio « Salut les copains ». Je me relève la nuit avec une amie pour faire des démonstrations d'algèbre et de géométrie. Rien que pour le plaisir.

Finalement, m'avoir envoyée à l'internat fut le plus beau cadeau que mes parents m'aient fait.

Ceux-ci se disputent beaucoup. Je dois régulièrement les séparer. Maman, très fatiguée par son travail à l'usine, est souvent déprimée. Je suis peinée d'assister à tout cela sans pouvoir changer les choses. Je prends sans cesse position pour mon père, qui représente pour moi l'homme idéal et que j'aime énormément. Aujourd'hui, je regrette cette attitude.

Papa me fascinait complètement, je buvais ses paroles. C'est ce genre de personnalité que je retrouverai plus tard dans les communautés religieuses. Ces gens ont la solution à chacun de vos problèmes, qu'il soit familial, amoureux, relationnel ou encore éducatif. C'est évidemment rassurant.

Plus tard, lors de psychothérapies, je comprendrai que Maman retenait ses élans affectifs, parce que Papa l'empêchait de les exprimer et que j'étais en quête d'amour maternel. C'est en sortant de ces séances avec la psychologue que j'ai découvert une maman. Ma maman.

*

* *

Je rencontre Eddy, avec qui je passe deux ans d'amour. Un bel amour, tendre et pur. Chez mes parents, je dors avec sa photographie sous mon oreiller. J'ai écrit sur le verso : « Je t'aime toujours davantage, plus qu'hier et moins que demain. » Mon père apprend l'existence de ce garçon en découvrant la photo tombée par terre. Nouvelle colère, nouveaux éclats de voix.

Le calme revenu, Eddy est invité à venir passer quelques jours de vacances d'été à la maison.

À ma première soirée dansante, mes parents m'accompagnent, bien entendu.

On baigne en pleine période Luther King… On se dessine des fleurs sur le visage et, surtout, tout change grâce à la pilule.

Papa, récemment promu, n'arrive pas à contrer les attaques morales de ses collègues jaloux. Il tombe dans une dépression profonde. À la maison, il n'y a plus que le salaire de Maman qui alimente le porte-monnaie. Aujourd'hui, je pense que Papa souffrait intérieurement de son handicap. Je prends rendez-vous avec le PDG de la société afin que mes parents soient mutés dans une autre usine du groupe. Je n'ai que 18 ans…

J'ai toujours eu à cœur de jouer les défenseurs d'autrui. Avant mon entrée chez les Témoins de Jéhovah, je n'avais peur de personne. Papa m'appelait « Madame sans gêne ! »

Arrivée à la fin des secondaires, je veux devenir journaliste de terrain. Je veux par exemple décrire les sociétés où le matriarcat prédomine et rendre compte des conditions de guerre dans les marais vietnamiens.

Quand, un matin, je confie mes projets à Maman, elle se met à pleurer :

– Mais tu es ma seule fille ! Je ne peux pas t'imaginer partir au Vietnam. Non, non, non…

C'est pour moi sa première preuve d'amour.

Je renonce au journalisme et décide de devenir secrétaire, comme Papa le souhaitait.

Je m'inscris aux cours de secrétariat, où les langues sont prédominantes. Pendant les vacances, Papa m'envoie dans les pays voisins afin de parfaire mes connaissances linguistiques. L'apprentissage est intensif, mais je noue de nombreuses amitiés. Je souffre beaucoup quand, à mon retour, mes parents considèrent que j'ai eu des vacances ! Eux sont partis rejoindre leurs amis en Italie.

À peine mes études achevées, je trouve un travail comme secrétaire de direction dans une firme allemande. Je fête mes 20 ans. Je reçois de mon patron un bouquet de vingt roses rouges.

Je passe mes moments de loisirs avec une bande de joyeux lurons. Nous faisons de longues balades dans les bois sur nos motos, les filles derrière les garçons. Femme libérée, j'invite régulièrement mon petit copain à passer la nuit à la maison quand mes parents sont à l'étranger. Ceux-ci n'en ont jamais rien su.

Chapitre 11

Je deviens une adepte

C'est avec mon amie Christiane que je fais la rencontre du père de ma première fille. En toile de fond, les fêtes mariales du 15 août d'une petite ville de province. Je suis à la terrasse d'un café. Il est assis à côté. Nous commençons à parler de la pluie et du beau temps. Il nous propose gentiment de nous raccompagner à bord de sa 4L. En ouvrant la porte arrière de la voiture, je découvre sur la banquette deux appareils photographiques, des objectifs et des flashs. Moi qui rêve depuis toujours d'être reporteur ! Je tombe aussitôt amoureuse du propriétaire de cet attirail.

Ancien mannequin, Pino est très bel homme et de douze ans mon aîné. Je suis sous le charme. Un coup de foudre comme dans les contes de fées.

Il travaille pour un grand photographe qui est, à l'époque, un précurseur dans le reportage de mariage. Quand la cérémonie est terminée, nous nous dépêchons de descendre dans le centre-ville pour retrouver la chambre de nos étreintes, située à l'étage d'un restaurant.

Pino m'accompagne dans mes déplacements professionnels et se glisse dans mon lit à l'hôtel. Nous faisons l'amour dans sa voiture après avoir passé la nuit en discothèque. Nous vivons des moments fous, passionnés, presque dévastateurs.

Mes parents accueillent Pino avec beaucoup de plaisir. Maman le surnomme « le Baron ». Papa lui aménage même le grenier pour qu'il puisse rester dormir à la maison de temps en temps. Chez sa mère, nous nous enfermons dans sa chambre noire. Les techniques de développement n'ont bientôt plus aucun secret pour moi. J'aime cette ambiance nocturne, cette lumière rouge. Quand le positif l'emporte sur le négatif, je sens venir en moi un plaisir immense, comme un orgasme, ou presque.

Pino a un énorme défaut : la jalousie. Il me faut une nuit entière pour lui expliquer que prendre des cigarettes dans la veste d'un collègue ne signifie pas que je couche avec lui. Mais, éperdument amoureuse de lui et de son métier, j'accepte ce travers.

Nous sommes de véritables complices, jusqu'au jour où Papa découvre que nous faisons l'amour sous son toit. Il me jette hors de la maison. Je dois louer un meublé. En venant voir Maman, je repars avec un carton rempli de vaisselle et de quelques vêtements. Papa ne veut plus entendre parler de moi.

C'est à peu près à cette époque que les Témoins de Jéhovah entrent dans la vie de mes parents. En vacances chez des amis, ils font la connaissance d'une Suissesse témoin de Jéhovah. Papa lui dit – bien mal lui en prit – que c'est la première fois qu'il rencontre un membre de l'Organisation. Le mécanisme est aussitôt enclenché. Peu de temps après, un « pionnier » est délégué dans notre village. Papa se fait facilement happer par l'Organisation. Ses membres commencent à s'inviter régulièrement chez mes parents. Dans un premier temps, maman refuse catégoriquement de s'entretenir avec eux. Une amie l'a prévenue :

– Si tu les fais entrer, tu laisses pénétrer le Diable !

Mais quand elle remarque que mon père s'absente un peu plus chaque jour, elle cède : elle rejoint le groupe de discussion et entame son éducation spirituelle.

Une seule chose compte à mes yeux : m'envoler avec mon homme. Lorsqu'ils apprennent que je pars vivre à l'étranger avec mon amour, mes parents m'offrent un livre bleu au titre plutôt séduisant : *La vérité qui vous conduit à la Vie éternelle.* Je le glisse sous mes vêtements, dans la valise.

À peine Pino arrive-t-il sur le sol italien que sa personnalité change radicalement. Mes études, mes expériences professionnelles et mon esprit d'indépendance disparaissent aussitôt de sa mémoire. Je suis « sa » femme, et je dois donc devenir une bonne maîtresse de maison. Il me précise également qu'après sa journée de travail, il se rendra seul au café pour jouer aux cartes. Il n'y a pas à discuter. Je me retrouve ainsi rapidement « ménagère », femme au foyer prisonnière de ses murs.

De temps en temps, Pino demande ma collaboration pour ses reportages. Il fait des portraits d'enfants et de femmes à la plage. Pendant que lui se trouve sous le doux soleil de l'Italie, je développe, en chambre noire.

J'essaie d'oublier tout cela lors de nos balades nocturnes. Il me montre un soir une maison devant laquelle une dizaine de voitures sont stationnées.

– C'est la maison d'une de mes tantes que je ne vois plus, me dit-il.

Elle fait partie de l'Organisation. Les réunions se tiennent une fois par semaine chez elle. Longtemps après, j'appris que cette région était le berceau italien des Témoins de Jéhovah.

Lorsque je rencontre la famille de Pino, l'accueil est glacial. Une de ses tantes m'apprend qu'il est en fait marié et père de trois enfants. Dans leurs esprits, j'ai détruit une famille. Inutile de dire que je suis secouée ! Le lendemain, lorsque j'aborde le sujet, je reçois mes premières gifles.

Mais je ne peux pas me résoudre à quitter mon amour.

La jalousie de Pino reprend le dessus sur tout le reste. Un jour, les plombs sautent alors que je suis seule à la maison. Je vais frapper à la porte de nos voisins et leur cadet vient me donner un coup de main. Pendant le repas, je raconte cet épisode à Pino. En l'espace d'une seconde, son poing percute mon visage. Il m'imagine au lit avec ce jeune garçon !

Je remarque que je suis en retard dans mon cycle hormonal :

toujours pas de règle. L'inquiétude me prend lorsque je suis prise de vomissements répétés. J'écris à Maman pour lui demander une prescription médicale. J'avale deux petites pilules et les règles reviennent. Peu abondantes, toutefois.

L'argent commence à manquer. Je suggère à Pino d'agir autrement avec la clientèle des plages : faire signer un reçu, encaisser le paiement et envoyer les photographies au domicile des clients. Il faudrait également ouvrir un compte spécifiquement destiné à l'acquittement des commandes. Mais il désapprouve toutes mes idées. J'insiste. Il doit changer sa méthode de travail ou c'est la faillite assurée !

A-t-il peur de laisser une trace administrative et de devoir alors payer une pension alimentaire à sa femme ?

– Je t'ai trouvé une place dans une conserverie de tomates, m'annonce-t-il calmement.

Il est hors de question que j'aille travailler dans un endroit pareil. Je suis secrétaire de direction, pas ouvrière ! Sa réaction prend la forme d'un coup de poing. Je m'insurge et me transforme en boxeur. Il me balance son pied au visage et me frappe au ventre avec une telle force que je dégringole les escaliers. Je m'enferme dans le living. Pino s'en va en claquant la porte.

Au petit matin, je constate qu'il est rentré et qu'il dort. Je le réveille et relance la discussion là où elle s'est achevée la veille au soir. Sa face se ferme. Pino me jette sur le lit et commence à m'étrangler. J'étouffe.

La fenêtre est ouverte. J'entends des éclats de voix dehors. Je crie de toutes mes forces.

– *Aiuto ! Aiuto !* (« Au secours », en italien.)

Après cette terrible dispute, je décide de rentrer chez moi. Je pense avoir assez d'argent pour payer le voyage. Je préviens mes parents par téléphone. Papa n'est pas surpris. Nous arrangeons mon retour.

Assise sur le quai, j'attends le train de la délivrance.

Mon oncle vient me chercher à la gare. Je m'effondre dans ses bras en pleurant. Chez lui, je savoure délicieusement l'eau chaude de la douche. En frottant la buée du miroir, je vois un visage tuméfié, des yeux noirs et un cou marqué de traces de strangulations. Nous sommes le 14 août. J'ai quitté l'endroit où j'avais toujours vécu le 15 mai. En trois mois, je suis devenue pitoyable et laide. Je suis sans amour, sans travail, et complètement désorientée.

Arrive le moment de revoir mes parents. Seule derrière la porte blanche, j'entends leurs paroles :

– La voilà, la voilà ! Elle est de retour ! Ninie, elle est de retour !

Papa a des sanglots dans la voix :

– Elle est là !

Essoufflé d'avoir dévalé les escaliers, Papa ouvre la porte et me serre dans ses bras comme jamais il ne l'avait fait auparavant. Maman nous rejoint.

Aujourd'hui encore, je suis émue en pensant à ces retrouvailles.

À présent, il faut que je retrouve un travail.

Je vais voir mon ancien patron.

– Je viens seulement d'envoyer ton préavis. J'ai attendu de tes nouvelles. La firme mère vient de dégoter ta remplaçante.

Le comptable s'immisce dans la conversation et me dit qu'il connaît une société qui recherche une secrétaire.

Peu après, je me trouve face au directeur pour cet entretien d'embauche capital. Il faut absolument que mes connaissances en langues me reviennent.

– Je vais dicter un courrier, traduisez-le.

Avant même qu'il ne me le demande, j'ai déjà commencé à écrire.

– Mais que faites-vous ?

– Je traduis !

– Vous êtes engagée !

La firme vend des produits à destination de l'Italie et de l'Allemagne. J'accède rapidement au poste de secrétaire de direction, mais je suis bientôt confrontée à des problèmes relationnels avec mon patron, qui se révèle vite colérique et grossier.

Les Témoins de Jéhovah sont chez mes parents. Heureuse de m'avoir à nouveau auprès d'elle, Maman les a prévenus. Chaque semaine, ils viennent à la maison pour l'étude des écritures. Cela consiste à parcourir les livres et les périodiques édités par les Témoins de Jéhovah.

Le paradis qu'ils décrivent est un monde parfait, où la violence n'existe plus, où toutes les races évoluent dans un décor enchanteur. Un monde nouveau construit par les fidèles. Le corps n'est plus en souffrance, on y vit un bien-être éternel.

Dans le groupe, je fais la connaissance de Jean-Marie, qui deviendra mon mari et qui l'est aujourd'hui encore. Je lui parle de mes problèmes avec mon patron. Jean-Marie enregistre l'information.

– On cherche une secrétaire à l'étude où je travaille. Je vais en toucher un mot au notaire dès le début de la semaine.

Je lui confie qu'il risque d'y avoir un obstacle à mon engagement : je crois être enceinte. J'aurai les résultats médicaux ce lundi.

Les signes d'une possible grossesse sont en effet devenus de plus en plus manifestes. Au point que je pars consulter un médecin.

Dans le cabinet du gynécologue, la terre s'ouvre sous mes pieds. Maman n'en croit pas ses oreilles. Que va penser Papa ?

Je ne peux pas lui cacher la nouvelle. Aussitôt rentrée, je lui en fais part.

– Hors d'ici ! Je ne veux plus te voir !

– Si tu mets ta fille dehors, je te quitte moi aussi ! réplique Maman.

Encore une preuve d'amour. Elle m'en avait donné si peu quand j'étais enfant. L'éloignement l'avait certainement fait réfléchir à notre relation et à son amour pour moi.

Le mardi soir, Jean-Marie vient m'annoncer une bonne nouvelle : mon état ne présente pas de problème pour mon engagement !

Le notaire ne fait pas partie de l'Organisation. C'est un homme bon et généreux. Il sait que Jean-Marie est témoin de Jéhovah et qu'il porte la même dévotion à son travail qu'à son Dieu : c'est un devoir ! Très rigoureux dans la tenue de ses dossiers, Jean-Marie est une personne de confiance, un véritable chef d'orchestre qui mène à la baguette l'étude notariale. Et heureusement ! Car le notaire a un sérieux penchant pour la bouteille !

Le bébé évolue bien. De temps à autre, quelques membres de l'Organisation passent me dire bonjour. Certains m'offrent un petit cadeau pour la layette. J'apprécie leur gentillesse. Ils ne me jugent pas et m'acceptent comme je suis. Dans le jargon des victimologues spécialisés en la matière, c'est le *love bombing*.

Jean-Marie me propose d'entamer une étude avec son épouse. C'est déjà tout réfléchi. Je dois mon travail actuel à cet homme et, en acquiesçant, je lui manifeste ma gratitude. Sa gentillesse me touche beaucoup.

Tous les mardis, je mange chez Jean-Marie en compagnie de sa femme et de leur fille, Lucille.

Je me rends rapidement compte que leur union traverse une période difficile.

Mais je décide de ne pas m'en mêler. Après tout, comment puis-je juger leur couple ? Je n'ai jamais vécu assez longtemps auprès de mes parents pour reconnaître en eux un modèle et j'ai raté ma première expérience amoureuse. Qu'est-ce qu'un scénario normal de vie à deux ?

J'avance bien dans mon étude. On me dit que je suis prête à accéder au niveau supérieur : nouvelle étude, nouvel endroit. Le samedi se tient pendant deux heures la réunion principale. Au menu : analyse du périodique *La Tour de Garde* et conférence.

*
* *

Après un délicieux repas de Noël – événement que nous ne fêterons bientôt plus –, Papa est assis dans son fauteuil et caresse le chat. Un cri rompt l'ambiance festive : Papa se plaint d'une forte douleur à la poitrine.

– On va faire venir le médecin.

– Ah, non ! On ne dérange pas un docteur le jour de Noël !

Nous sommes vendredi…

Le lundi, Papa se rend à son travail. Quand il en revient, il accepte de recevoir la visite de son médecin.

Les crises se rapprochent de plus en plus. Papa ne peut plus monter les escaliers.

Nous lui aménageons un lit au rez-de-chaussée. Durant un mois, Maman veille sur lui en parfaite infirmière. Chaque jour, des membres de l'Organisation viennent lui rendre visite. Jean-Marie lui raconte des blagues. De mon côté, à peine rentrée du travail, je discute toute la soirée avec lui.

Ce soir, les informations annoncent la mort du Président des États-Unis, Lyndon Johnson.

– En voilà un qui est tranquille !

Les tractations pour la paix au Vietnam figurent également dans l'édition.

Papa émet soudain un gémissement, s'écroule et, après quelques râles, meurt dans mes bras.

Le lundi, veille de sa mort, Papa avait eu 50 ans.

Pas un seul instant, je n'avais entrevu l'issue fatale pour Papa. J'avertis Jean-Marie. Une demi-heure plus tard, il débarque à la maison, accompagné par le père spirituel de Papa et un Ancien.

Le service funéraire est là. Je ne pleure pas. Des membres de l'Organisation s'occupent de Maman, qui vient de recevoir des tranquillisants. Ils prennent tous les arrangements nécessaires en charge. Leur gentillesse m'entoure et m'envahit. Quand tout le monde fut parti et que tout était fait, je m'effondre en larmes. Maman décide qu'il n'y aura pas de croix catholique sur le cercueil et qu'à son pied, la Bible des Jéhovah sera ouverte sur une citation de Saint Jean :

Comme ce sera merveilleux
Quand nos chers disparus
Se lèveront d'entre les morts !
Jean 5, 28-29

Maman a refusé que le prêtre procède à la prière dans la chambre mortuaire à la veille de la cérémonie.

– Je doute qu'elle serve à quelque chose. Nous sommes devenus Témoins de Jéhovah.

Aux côtés de Maman, tous suivent les deux corbillards surchargés de fleurs. La foule est impressionnante.

Il m'est impossible de participer à l'enterrement à cause de mes premières contractions. Je dois rester à la maison pour me reposer.

Dans la nuit du 30 janvier, j'inonde le lit. L'accouchement me semble interminable.

Toute la famille a été prévenue, Jean-Marie aussi...

Je suis épuisée. Une seule chose m'obsède :

– Pas de sang. Je suis Témoin de Jéhovah.

J'avais suivi avec enthousiasme quelques séances de questions/réponses avec l'épouse de Jean-Marie. Grâce à lui, j'avais obtenu un travail agréable. Depuis mon retour d'Italie, les membres de l'Organisation avaient toujours trouvé les mots pour me réconforter. Ils m'avaient aidée à assumer mon futur rôle de mère célibataire.

Je n'oubliais pas non plus la fraternité qu'ils avaient tous manifestée à Papa durant sa maladie. Alors que je ne suis même pas encore reconnue et répertoriée dans l'Organisation, voilà que je me présente en leur nom ! Le jour de la naissance de mon premier enfant, j'annonce solennellement que je suis Témoin de Jéhovah.

Le médecin respire en même temps que moi.

L'enfant sera là pour midi. Quel magnifique moment que la naissance de mon bébé après toutes ces heures de douleur. C'est une petite fille. Je suis sur un nuage quand on me pose l'enfant sur le ventre. Armelle est belle, magnifique. Ses mains sont parfaites… À ce moment précis, j'oublie les souffrances morales causées par Pino et par le décès de Papa.

J'ai perdu mon père, je n'ai pas de mari, mais je suis heureuse.

Armelle a un problème aux hanches. Il va falloir qu'elle porte une attelle. Pendant trois mois, elle vivra avec les jambes en grand écart, comme une danseuse. Les membres de l'Organisation sont présents et m'inondent de fleurs. Jean-Marie est venu avec sa femme. En se penchant sur le berceau, il lance une phrase qui glace l'assemblée :

– C'est ma petite fille, nous l'avons faite par correspondance.

Deux jours plus tard, Jean-Marie revient seul avec un énorme bouquet de lys. Je suis touchée. Les lys symbolisent la pureté ; je pense en être bien loin…

Lorsque je suis remise de l'accouchement, Maman me dit que c'est mon comportement qui a tué Papa. Je me sens très mal et je me confie aux Anciens. Selon eux, chacun de nous porte en lui une faille : une difficulté relationnelle ou professionnelle, des ennuis de santé, des tensions avec des membres de la famille, etc. Pour chacune de ces situations, il existe des réponses toutes faites, saupoudrées de versets bibliques retirés du contexte.

Au travers de leur amitié, je trouve une écoute constante et un soutien formidable.

Une famille de Témoins de Jéhovah vient me rendre visite pour voir si mon nouveau rôle de mère me sied. Arrive l'heure du biberon : je monte dans la chambre pour m'isoler avec Armelle. La femme m'interpelle à propos de la tête du Christ accrochée au-dessus du lit.

– Tu sais, tu ne peux pas avoir ça !

– Ah bon ?

– On ne peut posséder ni crucifix ni idole.

C'est une œuvre d'art réalisée à l'occasion du mariage de mes parents, par le beau-père de mon oncle Jean, armurier de métier. Elle est unique.

Deux jours plus tard, je monte dans la voiture, un sac en papier de supermarché à la main. Je m'arrête près d'un bois et je jette la tête du Christ.

Petit à petit, j'entre dans leur système.

Chapitre III

Mes petites princesses

Toutes les épreuves que j'ai endurées ont ouvert en moi une brèche. J'ai le sentiment d'avoir un devoir de réparation à accomplir. Rejetée par mon père puis par ma mère, je recherche une famille qui m'aimera pour ce que je suis.

C'est tellement plus facile de se laisser prendre en charge quand tout va mal.

Les membres de l'Organisation m'ont entourée, épaulée et consolée. Je n'ai jamais été seule et, grâce à eux, j'ai occulté la culpabilité d'être une mère célibataire et d'avoir peut-être causé l'infarctus de mon père. J'espère le pardon de Dieu. Je m'appuie sur l'amour et sur une foi profonde dans le Créateur : Jéhovah. Je souhaite aussi un monde meilleur pour ma fille.

Je suis mûre pour être initiée.

Je vais devenir leur instrument. Je vais récupérer à leur profit mon énergie, mon sens de l'initiative et ma créativité. Je vais marquer le point de départ d'une rupture avec mes relations familiales, avec mes convictions, mon libre arbitre et mon esprit critique. Je vivrai exclusivement pour le mouvement. Je penserai désormais selon leurs repères, en adoptant leur langage, et je deviendrai un Témoin « obéissant », soumis.

Je redeviens une écolière à laquelle on enseigne « la vérité » avec pour fil conducteur un livre bleu, *La Vérité qui conduit à la Vie éternelle*, qui reprend le message en 58 langues.

Maîtriser la rhétorique est dans un premier temps mon but principal. Une fois par semaine, je suis une formation à l'art oratoire et je déclame sur l'estrade mes premiers devoirs, fruits d'un travail de sept jours. On s'applaudit, on se félicite, on se congratule et, à la fin de l'heure, nous recevons nos bons ou nos mauvais points.

Je dois lire beaucoup. La lecture d'un livre me renvoie à un autre livre, puis à un autre encore, et ainsi de suite. On y trouve toutes les réponses à ses interrogations, parsemées de versets bibliques, dans tous les domaines : l'éducation, le travail, la santé, la justice… Rien cependant sur les arts, la littérature ou la philosophie.

J'écoute attentivement les exposés de mes frères et de mes sœurs. Je prends des notes, beaucoup de notes, et je pose des questions afin de parfaire mes connaissances.

J'aime cette ambiance. J'attends toujours ce moment avec une réelle impatience et je suis heureuse de me rendre à la Salle du Royaume avec ma petite Armelle. Beaucoup viennent jouer avec elle, une fois la réunion terminée.

Cela prend du temps, mais je m'accroche. Cette instruction basée sur la Bible doit servir de support lors de mes futurs contacts avec les « autres », dans la rue ou à leur domicile. Il faut montrer que la vérité est « à l'œuvre en nous » ! Je ne me rends pas vraiment compte que j'apprends à prêcher.

Je dois penser à changer ma garde-robe : abandonner pour toujours le port du pantalon et acheter des jupes qui tombent sous les genoux. Et plus de décolletés ! Un ensemble classique aux tons neutres, propre comme s'il sortait du pressing. Il faudrait aussi que j'achète du maquillage aux couleurs plus tendres.

Après tout, la Bible dit très peu de choses sur l'apparence physique. Il vaut mieux diriger l'attention vers nos qualités de cœur plutôt que vers nos habits ou nos formes !

J'ai tellement hâte de tout savoir, de tout retenir, que je peux rester une heure de plus à l'étude. On m'invite à participer aux réunions trois fois par semaine en vue de mon baptême. J'y vais sans me forcer, avec plaisir.

Tous les versets, les rituels et les cantiques entrent réellement en moi. Je parcours la Bible à toute vitesse. J'en achète une deuxième pour y écrire mes remarques personnelles. Les réunions s'installent progressivement dans ma vie quotidienne. Je vois de moins en moins ma famille.

Tout s'enchaîne très vite. Je n'ai même pas terminé l'étude du premier auxiliaire biblique quand je me rends à ma première grande assemblée internationale.

Celle-ci se déroule en juillet 1973. Il y a 15 000 personnes. C'est colossal. On y retrouve notamment des Espagnols et des Portugais qui, à cette époque, ne peuvent pratiquer leur culte dans leur pays.

Comment oublier les sensations ressenties ce jour-là ? J'ai été émue jusqu'aux larmes. En tant que future baptisée, je suis assise aux premiers rangs de l'assemblée. Des milliers de personnes nous regardent. Nous enfilons des maillots de bain. Pas de bikini, bien sûr : les instructions sur la décence des vêtements à revêtir pour ce grand jour sont très strictes.

C'est au tour d'un jeune couple qui habite ma région. J'écoute attentivement les raisons pour lesquelles ils effectuent leur baptême. Ils sont fin prêts à être immergés dans l'eau d'une piscine spécialement aménagée pour l'occasion. Sous les applaudissements d'une foule en liesse, ces nouveau-nés sont reconnus officiellement. La prochaine à plonger, ce sera moi !

Au moment de franchir le cap, je me sens enivrée. J'ai l'impression de rejoindre une grande famille, de recevoir les clefs pour un nouveau monde.

Comme les autres, j'ai entendu ces propos :

« Par votre immersion et votre sortie hors de l'eau, vous témoignerez que vous êtes morte à votre ancienne existence et revenue à la vie pour faire la volonté divine. »

Une fois baptisée, je « démarche » pour la première fois dans la rue en tant que Témoin de Jéhovah. Avec enthousiasme, je parle à une petite femme juive de « l'arbre de la connaissance ». Mes versets me viennent sans trop d'efforts et je suis heureuse de feuilleter la Bible avec autant d'aisance.

Mon Dieu à moi est aujourd'hui Jéhovah et, par les actes que je vais accomplir dès ce jour, je veux qu'il puisse être fier, non pas de moi, mais de mon service !

L'Organisation a refermé sur moi son premier piège : celui de la séduction.

*

* *

Lors d'une grande assemblée estivale, dite de district, je me retrouve par hasard non loin de Jean-Marie. Mais je ne peux pas lui adresser un bonjour : il est exclu, suite à une histoire d'adultère. Sa femme l'a trompé avec son coiffeur – elle menait une étude avec ce dernier – et Jean-Marie s'est vengé avec la première venue.

Une exclusion prononcée par le « Comité judiciaire » des Anciens est considérée comme une mise en garde pour les membres fidèles de la congrégation. Ceux-ci sont invités à cesser de fréquenter la personne en question.

Pourtant, j'ai terriblement envie de sourire à Jean-Marie.

Le lundi suivant, il me propose une cigarette sur le lieu même de notre emploi, alors qu'il nous est interdit de fumer. Je craque. Cette situation est trop difficile à vivre.

Je quitte l'étude notariale et je retrouve un autre travail immédiatement.

Maman vient de revendre la maison. Elle y voyait Papa partout. Nous sommes à présent locataires d'un appartement. De son côté, Jean-Marie a renoué avec son épouse. Le couple est venu s'installer dans un appartement voisin. Petit à petit, Jean-Marie et moi devenons plus complices. Nous nous découvrons beaucoup de points communs. J'ai perdu un boulot que j'aimais, mais j'ai retrouvé un ami.

Ma vie est en train de se jouer.

Chez mes nouveaux voisins, les portes claquent et les noms d'oiseaux fusent chaque jour un peu plus violemment. Jean-Marie est souvent seul. Quand il va aux réunions, une voiture attend son épouse.

Un soir, Jean-Marie débarque chez nous, les cheveux dégoulinant de sauce tomate. Il nous demande d'être les témoins des méchancetés de sa femme. Elle est partie. Cette fois, c'est vraiment fini. Je propose spontanément à mon « frère spirituel » de laver et de repasser son linge.

Il me présente bientôt à ses proches et notamment à Colette et Jeanine, ses deux sœurs. Lucille et Armelle adorent jouer ensemble. Ma fille appelle Jean-Marie « papa Jean-Jean ». Il fait le gendarme quand il revient sur le temps de midi et qu'elle ne veut pas faire sa sieste.

Je n'avais jamais vraiment vu Jean-Marie comme un « mari potentiel ». Mais j'avais prié Jéhovah pour qu'Armelle trouve un papa. Elle nommait chaque homme rencontré à la salle du Royaume « mon prince » ou « mon papa ». Il devenait absolument urgent pour son équilibre qu'elle trouve ce dont elle avait le plus besoin : l'amour d'un père.

« Jéhovah, fais-moi rencontrer un homme comme Jean-Marie. J'aimerais tant qu'il lui ressemble. Aussi jovial, aussi sympathique. Oui, Jean-Marie, c'est vraiment l'homme qu'il me faudrait. »

*

* *

Maman est à nouveau emmenée d'urgence à l'hôpital, à cause d'un problème cardiaque. Chaque jour, Jean-Marie lui apporte un bouquet de fleurs. La voisine de lit de Maman ne manque pas de lui dire qu'il représente le gendre idéal. Jean-Marie avoue à Maman s'entendre parfaitement avec moi.

Sortie de l'hôpital, j'invite Jean-Marie à inaugurer le gril que je viens d'acheter. En retour, il me convie à une partie de Scrabble devant le feu ouvert de son salon. Il en profite pour prendre ma main, que je retire aussitôt. Il insiste et je finis par la laisser. Nos gestes d'affection ne se limitent, pour le moment, qu'à ça. Pas le plus petit bisou.

Mais Jean-Marie est en train de rallumer en moi un incendie.

Plus tard, au hasard des rangements, je découvre une vieille carte postale que mon grand-père proposait dans sa papeterie, avec une adorable fillette et ces mots : « Je t'attends dans mon Paradis. » Jean-Marie y avait écrit : moi aussi !

Jean-Marie et moi occupons nos week-ends à transformer un ancien bowling en une nouvelle Salle du Royaume. Je m'affaire, marteau à la main, quand Pierre, un Ancien, s'avance vers moi et me dit en souriant :

– Il me semble que Jean-Marie et toi…

– Jean-Marie a l'affection que Jésus avait pour l'apôtre Jean !

Ma réponse le fait éclater de rire. Il s'en va.

Je cherche à préserver cet amour naissant qui commence à prendre pas mal de place dans ma vie.

Maman s'inquiète de voir notre relation évoluer aussi vite et décide d'en toucher un mot aux Anciens. Ceux-ci, sorte de « prêtres » de la communauté, détiennent l'unique « vérité » et gardent l'œil bien ouvert sur le comportement de leurs ouailles.

Peu après minuit, un petit tribunal interne se tient dans le salon de notre logis. Deux hommes nous assomment de versets bibliques, puis le verdict tombe : il faut suivre le droit chemin et ne plus nous fréquenter. Ils tranchent d'un coup l'avenir de notre couple.

Jean-Marie capitule. Il a peur d'une deuxième exclusion. Dès que les Anciens sont partis, il se lève sans un regard et quitte l'appartement.

Je pleure comme jamais. Je guette ses allées et venues. Je me hisse sur la balustrade du balcon pour tenter de l'apercevoir.

J'ai trop mal pour continuer à habiter près de lui. Une semaine plus tard, nous déménageons. Je fréquente tout de même de temps à autre mon ancienne congrégation, juste pour qu'il sache que je suis toujours là. Je bouscule presque les autres pour intervenir sur les devoirs et, lors des cantiques, je suis à la limite des hurlements. Peut-être suis-je en train de devenir une manipulatrice : ces réunions m'importent peu, je souhaite seulement faire passer un message à Jean-Marie.

Je n'étale pas ma vie privée à la sortie de mon nouveau lieu de réunion. Mais un dossier, la « fiche de proclamateur », retrace mon parcours initiatique depuis mon entrée dans l'Organisation. À l'époque, j'imaginais que ce papier ne reprenait que les heures de prédication, celles consacrées à nos activités théocratiques.

Cette petite feuille de 14 centimètres sur 8 détaille en sept colonnes la date, les heures de service, les livres, les périodiques (*La Tour de Garde*, *Réveillez Vous !*) et les abonnements présentés pendant une visite en porte-à-porte chez l'habitant lors du « service du champ », autrement dit la prédication. Une dernière colonne fait mention du nombre d'études bibliques différentes conduites durant le mois

Mon déménagement a modifié le périmètre de mon service du champ.

Ce petit bout de papier anodin présente en réalité mon parcours privé. En fin de compte, l'Organisation dispose ainsi d'un dossier rapportant tous les faits et gestes de la personne concernée. Mais le pire, c'est que ce dossier ne reste pas confidentiel. Son contenu est divulgué à tous les Anciens de ma nouvelle congrégation. Mon passé me suit grâce à la « la fiche de proclamateur ».

*

* *

Armelle a trois ans et va à présent à l'école maternelle. J'ai à cœur de me donner à fond dans son éducation spirituelle. Chaque soir, après le souper, je lui fais la lecture d'un livre à la couverture cartonnée rose. Je commente les illustrations. Elle connaît avant moi l'image qui suit ! Déjà, je l'endoctrine. Ce sera une proie idéale pour la Communauté.

Dans *Les Enfants des sectes*, Hayat el Mountacir a écrit : « Le but des sectes étant de créer une "société nouvelle", les enfants constituent des cibles privilégiées, car ils sont très malléables. Si, très jeunes, on les influence, si on contrôle leurs lectures et leurs fréquentations, ils sont élevés dans une doctrine absolue. Et, adultes, ils appartiendront au groupe, car ils ne savent pas qu'ils peuvent vivre autrement. »

Je veux absolument trouver un papa pour Armelle, alors je parcours les petites annonces.

Théoriquement, je n'en ai pas le droit : les rencontres amoureuses doivent se passer uniquement au sein de l'Organisation, tout comme le mariage.

J'apprends par hasard – dans la Communauté, toutes les choses qui font mal reviennent toujours aux oreilles de la personne concernée – que Jean-Marie est divorcé depuis quelques semaines et qu'il a fait une proposition de mariage à quelqu'un d'autre. Je n'en savais rien ! « Cela n'est pas possible », me dis-je plusieurs fois ! Mais il ne m'a rien promis et il a finalement bien le droit de refaire sa vie.

Au travail, je ne peux m'empêcher de penser à lui. Un jour, je prends le risque de lui téléphoner pendant mon heure de table. Aussitôt, il me raccroche au nez. Agit-il ainsi seulement « en raison des instructions » ? Éprouve-t-il encore des sentiments à mon égard ?

Je tente le tout pour le tout et je lui envoie une lettre pour organiser une rencontre. Je lui écris que tout colle si bien entre nous, que nos deux enfants s'entendent à merveille et que j'ai en tête une foule de projets avec lui, notamment le mariage. Il serait malheureux de laisser tomber notre couple. Trois semaines passent sans que je reçoive de réponse. Entre-temps, je me suis imposé un régime et une remise en beauté. J'ai à cœur de redevenir une femme séduisante.

Un matin, au bureau, le téléphone sonne. C'est lui. Nous nous fixons rendez-vous à l'hôtel « L'Europe ». Maman ne sait rien de cette rencontre.

Ce jour-là, je prends soin de mon apparence : jupe bleu marine à fleurettes et veste rouge sur petit tee-shirt blanc. J'ai sérieusement changé de look, malgré la règle qui spécifie « Habillez-vous modestement. »

Au premier regard, à l'accueil de l'hôtel, la flamme se ravive de plus belle. Mais, aussi étonnant que cela puisse paraître, nous ne tombons pas tout de suite dans les bras l'un de l'autre. Nous nous contentons de prendre un café.

Leur interdit fait toujours son effet. Ils ont cassé quelque chose d'important en nous.

Nous établissons les règles de notre entente future, pas celles de nos sentiments. Nous déterminons les clauses de notre contrat, presque un accord commercial, ce qui me procure une drôle de sensation.

Nous nous donnons encore du temps, jusqu'au 1er mai 1976. Cette date coïncide avec l'organisation d'une excursion au Béthel des Pays-Bas.

La veille du départ, j'annonce à Armelle qu'elle va revoir Lucille et retrouver son « papa Jean-Jean ». Dans le car, les filles ont pris place l'une à côté de l'autre, comme Jean-Marie et moi. C'est presque une provocation : un homme et une femme qui s'asseyent ensemble prouvent qu'il existe entre eux un projet d'avenir sérieux.

Tous les regards convergent vers nous et de nombreux commentaires parviennent à nos oreilles. Nous étions prêts à assumer ces commérages et tout ce qui allait en découler.

Je suis très heureuse de me retrouver ensuite seule avec lui. Mais nous sommes toujours dans une situation d'interdit. Les membres de l'Organisation pourraient même venir à la maison pour s'assurer qu'il n'y a pas de rapprochements équivoques. De toute façon, nous sommes chaperonnés par les enfants et ma mère.

À la fin du mois de mai, lors d'une assemblée, Jean-Marie demande publiquement à Maman l'autorisation de m'épouser. Il a 31 ans, j'en ai 27.

– Oui, vous pouvez vous marier, mais vite !

Jean-Marie m'annonce qu'il légitimera ma fille par adoption. Armelle pourra ainsi porter son nom.

*

* *

« Semez la passion, vous récolterez une moisson de doutes et d'incertitudes. En revanche, si vous semez la maîtrise de soi, vous moissonnerez la fidélité et la confiance. Ceux qui patientent jusqu'au mariage jouissent de la paix de l'esprit, sachant qu'ils plaisent à Dieu. »

C'est ce que nous faisons. Nous refrénons les pulsions de notre amour, même si nous avons tous deux connu une autre vie de couple auparavant. Plusieurs fois, la tentation est présente, mais nous tenons bon.

Le grand jour approche. Nous recevons régulièrement des coups de téléphone de la hiérarchie des Témoins de Jéhovah qui vérifient que nous restons chastes.

La cérémonie a lieu le 9 juillet. Il fait caniculaire. Nous passons d'abord devant le Maire avant la célébration religieuse des témoins de Jéhovah. Je m'en souviendrai toujours.

La famille proche est conviée à la Salle du Royaume. Pas d'échange de vœux, pas de signature dans un registre, pas même un document écrit. Juste un engagement verbal : « Oui, nous nous marions l'un avec l'autre. »

Nous écoutons attentivement le discours de mariage, axé principalement sur ce point : l'homme est le chef de la femme et celle-ci doit une totale soumission à son époux, tout comme les enfants doivent être soumis aux parents.

Dieu a marié Adam et Ève. Uniquement l'infidélité est punissable. Si une femme subit des violences conjugales, elle doit de rester auprès de son mari et vivre sans se plaindre. Elle peut en parler aux Anciens, mais l'unique issue pour elle, si elle veut quitter son mari, c'est de commettre un adultère. Voilà le seul « motif biblique » qui autorise un remariage ! D'autre part, nous ne devons pas nous priver l'un l'autre, car cette attitude pourrait mener à l'infidélité.

La fête est pleinement réussie. Nous nous éclipsons vers 23 heures. D'habitude, les jeunes mariés restent bien plus longtemps, mais nous rêvons tous deux à cette chambre mansardée qui nous attend. Deux de mes sœurs spirituelles ont préparé notre lit de noces. Elles ont pour seule obligation d'ouvrir les fenêtres pour que la chaleur s'en aille aux premiers rayons de lune.

Nous sommes tout feu tout flamme. Nous avons pensé préalablement à chaque détail pratique de notre première nuit d'amour.

Au petit matin, je récupère de vieilles biscottes dans la cuisine. Nous les tartinons de confiture et nous les dégustons avec un petit café. Nous savourons cet instant à nous. Quel beau moment que cette rencontre dans l'intimité du lit de noces ! Nous avions tout contrôlé. Notre retenue a transformé cet échange en un acte merveilleux. C'était très important à nos yeux. Et le mariage enfin reconnu, nous pouvons nous aimer « normalement ».

Mais je me rends compte qu'un amour « normal » est impossible. Comme le budget familial – pas question que le tabac ou d'autres frivolités nous privent de ressources qui pourraient être utiles aux finances de la congrégation – et l'éducation des enfants, notre vie sexuelle est réglementée. Nous devons suivre scrupuleusement les instructions établies dans les multiples périodiques.

Chez les Témoins de Jéhovah, les rapports sexuels se résument plus ou moins à cette image : une prise mâle dans une fiche femelle. Certaines caresses sont à oublier. Toute relation se doit d'être « utile ». La sexualité ne doit pas nous détourner de notre mission.

Parfois, je pense que notre jardin secret restera intact et inaccessible aux autres, qu'ils n'en sauront jamais rien.

Mais tout finit par se connaître. Nous vivons constamment dans le regard d'autrui et nous sommes sous pression pour nous conformer à ce qu'ils attendent de nous.

Notre voyage de noces, dans notre coupé sport, demeure un très bon souvenir. J'enrage d'ailleurs de ne pas pouvoir conduire la voiture : « Le prince conduit la princesse », a dit Jean-Marie. Et la princesse se doit d'obéir à son prince !

Nous faisons escale à Venise, l'une des villes les plus captivantes du monde. Jean-Marie tient perpétuellement à la main son attaché-case. La mallette contient une bonne dizaine de périodiques et plusieurs ouvrages utiles à notre prédication. Elle ne nous quitte à aucun moment de la journée, à aucune période de la vie.

Comme nous désirons apporter une connotation religieuse à notre lune de miel, nous le clôturons par un arrêt aux Béthels de Thoune en Suisse et de Wiesbaden en Allemagne.

À notre retour, la situation est moins drôle : l'ex-épouse de Jean-Marie met tout en œuvre pour saboter notre union. Elle avait commencé la veille de la cérémonie en coupant tout court les cheveux de Lucille.

Le jour des noces, ma cousine avait sans le savoir fréquenté le salon de coiffure où elle est employée.

– Je ferai tout pour casser leur mariage, même si je dois utiliser Lucille !

Elle nous dépose régulièrement sa fille en bikini et bottes

de caoutchouc. Je lui constitue bien sûr une garde-robe et Lucille repart avec les vêtements. Jamais je ne l'ai vu revenir avec les tenues que je lui avais achetées.

L'ex-femme de Jean-Marie finira par être exclue pour faute grave.

Maman me rend service en gardant Armelle quand je me rends au travail. Mais elle trouve sans arrêt des prétextes pour venir chaque jour chez nous. Je constate que les tendres attentions que j'ai envers mon mari la dérangent. Cela crée une mauvaise ambiance dans la maison.

De premières ombres au tableau couvrent notre couple. Je plonge petit à petit dans une première dépression, qui trahit une difficulté à accepter les contraintes imposées par l'Organisation.

Nous sommes conscients qu'à chaque minute de la journée, nous sommes soumis à la Communauté, qu'à chaque instant, chaque décision, chaque geste, chaque choix se fait devant Dieu.

Un adepte doit réserver seize heures par semaine à la prière, à la préparation de l'étude personnelle, à l'étude familiale, à la réunion à la Salle du Royaume, à la préparation des devoirs et des sujets pour les réunions, aux déplacements, au service du champ et aux aides « gratuites » pour faire avancer l'Organisation : le nettoyage de l'endroit des rassemblements, la participation aux constructions des Salles du Royaume, le bénévolat aux assemblées qui ont lieu trois fois par an.

Si j'ai le privilège de conduire une étude avec un intéressé, je dois apporter mon soutien à ce dernier s'il est malade, s'il doit déposer sa voiture au garage ou, si nécessaire, faire des travaux de remise en état dans sa maison. Il ne reste plus de temps, ou si peu, pour notre couple.

Tout cela, nous le faisons pour être reconnus par Jéhovah, pour être sauvés de l'Armageddon et gagner le « paradis terrestre ».

En quatre ans, je me suis imposé un nouveau système de référence où tous les cadres de fonctionnement social antérieurs ont été détruits. Je vis mal ce déséquilibre entre ce monde et mon « ancien monde ». Je revivrai, bien longtemps après, cette même douleur dans la transition vers la liberté. Le retour au « réel » sera pénible, marqué par une profonde remise en question de toutes ces « vérités » retenues durant vingt-trois années.

Nous tentons de surmonter les problèmes au quotidien. Armelle et Lucille nous réclament sans cesse un petit frère ou une petite sœur. Est-ce le bon moment ?

Un jour de janvier 1977, de retour du travail, j'entre dans notre chambre et je tombe sur un bout de papier bleu accroché au lustre avec une pince à linge : « Je veux un enfant de toi. » J'arrête d'emblée de prendre la pilule.

Le 25 février, je découvre que je suis enceinte. Jean-Marie écrit au dos du premier message : « Merci beaucoup, je suis heureux. » La petite famille est rapidement mise au courant.

Je décide de soigner mon état dépressif. Je consulte donc un neuropsychiatre dont le cabinet est situé en face du bureau de Jean-Marie.

Depuis qu'elle a appris ma grossesse, l'ex-épouse de Jean-Marie a redoublé de méchanceté. De son côté, Lucille a eu un geste de recul lorsque son papa lui a annoncé que j'allais lui donner une petite sœur. Elle a répondu que sa maman attendait aussi un bébé. Lucille ne reviendra plus chez nous pendant de nombreuses années.

Nous avions pourtant espéré que la venue de cet enfant recollerait les morceaux entre les deux familles.

Jean-Marie est souvent sur le point de se rendre à la gendarmerie pour faire valoir son droit de visite. Moi, je n'en peux plus : je suis au bout de mes capacités d'endurance morale. Je ne veux plus rien entendre des mesquineries de son ancienne femme. Mon psychiatre met Jean-Marie en garde : « Vous devez choisir : Michèle ou votre ex-épouse ! »

En plus de tout cela, je dois faire face à Maman, dont les harcèlements incessants m'exaspèrent. J'explose. Ma mère se plaint aussitôt auprès des Anciens et je suis traduite devant le tribunal interne des Témoins de Jéhovah. C'est déjà ma troisième « comparution ». Trois Anciens vont, les uns après les autres, me poser des questions à un rythme soutenu. C'est une véritable torture.

Je finis par leur confier mes souffrances, mes réactions, mes réflexions morales par rapport à la « faute » commise. Désormais, ils connaîtront mieux mes points faibles.

Dans de telles conditions, ma dépression ne s'arrange pas vraiment !

Nous décidons de déménager, ce qui facilitera les trajets de Jean-Marie, qui a changé d'employeur, et nous permettra aussi de ne plus croiser son ex-femme. Nous trouvons une vieille ruine au charme désuet. Il y a pas mal de réfections à effectuer, mais Jean-Marie aime travailler de ses mains.

J'accouche le 20 octobre 1977, d'une petite Gabrielle. Francine, ancienne sage-femme et témoin de mon mariage, me soutient durant le travail. Pas un cri ne sort de ma bouche, je n'ai même pas mal. Nous rions par moments. C'est un beau souvenir, car, une fois de plus, tout est parfaitement réglé.

Quand je sors de la maternité, je tire mon lait et confie Gabrielle à Francine afin d'aider Jean-Marie dans les travaux. Mauvaise surprise : Maman décide de déménager elle aussi pour se rapprocher de nous. Elle ne comprend toujours pas qu'elle m'étouffe.

Un mois et demi après la naissance de Gabrielle, je suis à nouveau enceinte.

Ma grossesse est très éprouvante. J'accumule la fatigue causée par la rénovation de la maison et celle due à l'entrée dans une nouvelle congrégation à l'esprit plutôt caustique. On y trouve pas mal de clans, de médisances, de critiques et de rapporteurs. Nous sommes sans cesse surveillés. On nous reproche souvent de ne pas assez prêcher et d'attacher trop d'importance à notre maison.

Malgré tous ces cancans, je continue à aider Jean-Marie dans les travaux. Je coule le béton alors que mon ventre est rebondi. André, « notre père, notre frère, notre ami », nous apporte une aide remarquable. Il marque et imprègne ma vie de sa gentillesse, de sa compréhension et de son dévouement. André, tout comme Francine, représente une exception dans notre congrégation.

Nous entrons dans notre maison le 11 mars 1978, le jour de la mort de Claude François. Ce sera la dernière date dont je me souviendrai. Quelques mois plus tard, je ne serai plus capable de situer un événement sur la ligne du temps. Je perdrai bien des points de repère lors des vingt années à venir.

Je m'abandonne de plus en plus au Mouvement. Je consacre l'équivalent d'un mi-temps de travail à l'Organisation. Je réalise à présent dix heures de prédication par mois et je vis toujours dans ce stress d'être en retard aux réunions, qui représentent cinq heures trois fois par semaine, sans compter les déplacements. Impossible de trouver le temps pour un roman, un film ou pour jouer avec les enfants : tous les loisirs tournent autour de la « Vérité ».

Je m'autorise quand même à donner une orientation « originale » à ma façon de m'habiller. À l'intérieur des limites permises, bien sûr. Quand je me rends aux réunions à la Salle du Royaume, j'ajoute une touche de gaieté à mes tenues strictes grâce à un foulard ou à un chapeau. Cela ne pose pas vraiment un problème à la congrégation : avec la tête couverte, je montre que je suis soumise.

Lors des réunions, une femme qui fait une assertion intelligente, qui fait preuve d'un minimum de personnalité, qui ne répète pas mot à mot la réponse imprimée que nous n'avons qu'à lire, ne peut faire tout cela en présence des frères sans être couverte. Si une femme désire faire une remarque en rapport avec un discours tenu sur l'estrade par un homme, elle doit demander à son mari de faire le commentaire à sa place.

*

* *

Le 2 septembre 1978, Jaël annonce son arrivée. Dix mois et demi seulement la séparent de Gabrielle. L'une pleure et réveille l'autre. Je prépare les soupes et les panades moi-même. Cela prend beaucoup de temps.

Chaque mardi, nous recevons une quinzaine de frères pour une étude de livres à notre domicile. Il faut que tout brille avant leur arrivée, comme si Jéhovah allait être lui-même présent. Je procède chaque fois au nettoyage intensif de la maison. Les frères me proposent rarement de ranger avant de rentrer chez eux. « Pas le temps », disent-ils.

Le vendredi 27 octobre 1978, je commence la journée par l'astiquage de la maison. Armelle vient de partir pour l'école. Dehors, il fait très beau. À 13 heures, je dois retrouver Maman pour l'accompagner faire ses courses.

Mais, avant cela, je prépare la soupe de Gabrielle et les biberons de Jaël. Priorité à mes deux petites princesses !

J'arrive en retard chez ma mère. Il est déjà 14 heures.

Pendant que Maman est au supermarché, j'achète des arbustes au magasin de bricolage, à côté. Ma belle-mère et ma belle-sœur m'ont demandé de leur rapporter des framboisiers et des mûriers.

Je compte le temps qui me reste : Armelle finit la classe à 16 heures. Les achats terminés, je retourne à l'auto, j'installe confortablement Gabrielle dans son siège-auto et je donne un biberon à la plus jeune. Maman revient et grommèle parce que le compartiment arrière est rempli. Je lui prends rapidement ses paquets, je les case tant bien que mal dans la voiture et je claque le coffre.

En sortant du parking, je fais attention à la circulation, car j'ai remarqué des travaux sur le côté droit de la route. Ce carrefour est réputé dangereux.

Et puis, plus rien. Quand je reprends connaissance, je réalise qu'une foule de personnes se penchent sur moi. L'air est empreint d'une drôle d'atmosphère.

– Il faut prévenir mon mari chez le notaire.

– Nous l'avons déjà fait, Madame,

– Maman est cardiaque.

Je me rends bien compte qu'il se produit quelque chose d'étrange, mais je ne sais pas dire quoi. J'ai quelque chose dans les bras qui me semble chaud. Je pense c'était Jaël, mais aujourd'hui, je ne pourrais pas le certifier.

– Et mon autre bébé ?

Je perçois les sirènes d'une ambulance. Une fois installée à l'intérieur, j'entends les gémissements de Maman, qui est à mes côtés. Des ceintures me serrent. Je ne me souviens que de bruits. Puis, c'est le trou noir.

Je me réveille dans la salle des radios. Je reprends mes esprits. Des infirmières entrent dans ma chambre.

– Et mes enfants ?

– Le médecin s'occupe d'eux.

À nouveau le vide.

À mon réveil, je remarque que je suis couchée sous des draps verts. Un homme se trouve assis à côté de mon lit. Il a un bonnet de chirurgien.

– Docteur, pas de sang pour mes enfants.

– Vous avez entendu ? Encore une !

Furieux, il se lève, faisant valser les tentures. Ses mots résonnent tels des carillons dans ma tête.

Aujourd'hui, j'ai conscience que je ne faisais qu'appliquer scrupuleusement mon enseignement biblique, sans réfléchir aux conséquences. Être correcte par rapport à mes convictions, c'est tout ce qui m'importait. Je n'ai même pas demandé si mes enfants étaient encore en vie.

Six heures se sont écoulées depuis l'accident. Plusieurs personnes, dont Francine et ma belle-sœur, sont dans la chambre. J'essaie de faire le point sur mon état. Je prends peur en constatant la perte de sensibilité de mes jambes. Est-ce sérieux ?

Jean-Marie entre dans la pièce et s'installe au pied du lit.

– Et les enfants ?

Il baisse le regard. Il se retient de pleurer. Je comprends que la situation est grave. Plus personne ne parle. Ce silence pèse lourd dans mon cœur et je lis la peine dans leurs yeux. Je crois deviner ce qui est arrivé à mes bébés, mais je n'ai encore aucune confirmation.

On me dit que Maman a été transférée dans un autre hôpital, pour une fêlure crânienne. Je n'ai aucune information au sujet de mes petites. Chacun se tait.

Je réalise peu à peu que je ne verrai plus jamais mes petites filles.

Le médecin se bat contre la centaine de frères qui viennent me voir. Outré par leur insistance parfois à la limite de la politesse, le médecin menace même d'interdire les visites à mon mari. Ma santé est bien plus importante que leurs va-et-vient incessants.

– Réservez vos irruptions pour dans un mois. Je suis certain que vous ne serez plus si nombreux…

Une tante repart, furieuse de m'avoir vue si tard dans la soirée. Elle n'a tout simplement pas sa place dans ma famille spirituelle.

Armelle, qui a un peu plus de 5 ans et demi, entre dans ma chambre. Elle hurle et ressort aussitôt. Je suis pleine de sang. Les infirmières ont reçu l'instruction de ne pas me laver avant le résultat définitif des examens crâniens.

André vient me voir le dimanche après-midi. La tête courbée, il doit braver les autres, car il est « exclu » de la communauté. Il a eu une relation avec une sœur qu'il voulait prendre pour femme et il n'a pas regretté son geste. André aura d'ailleurs un fils de cette aventure furtive. La sœur refusera de l'épouser, mais il tiendra à reconnaître l'enfant et à verser une pension alimentaire.

André me glisse à l'oreille : « Il y a tant de choses que je voudrais te dire. Mais je ne peux pas le faire. Sache que je suis de tout cœur avec toi et avec Jean-Marie. »

En fin de journée, Jean-Marie me quitte quelques heures. Je saurai plus tard qu'il s'est rendu à la morgue où les deux corps de mes petites princesses reposent dans leurs cercueils.

Toujours pas de larmes. Il s'efforce de tenir le coup. Il veut être un mari présent et affectueux. Je ne remercierai jamais assez mon mari pour son comportement admirable durant ces jours passés à l'hôpital. Je lui suis reconnaissante d'avoir pu dissimuler sa tristesse et de ne m'avoir jamais formulé un seul reproche pour l'accident. Tout cela dans l'unique but de me préserver de cette douleur qu'est la perte de deux enfants.

Sous mes draps, j'écoute ce qui se dit. On parle de la préparation de l'enterrement : il faut garnir des petits pains, prévoir des thermos de café…

Ce jour-là, Évelyne, une sœur qui sera exclue plus tard, reste à mon chevet.

Jean-Marie assiste à ce que je ne pouvais pas voir : la mise en terre de Gabrielle et de Jaël, le 31 octobre 1978.

Il surmonte seul cette épreuve. La commotion cérébrale avait fait de moi un légume. J'errais dans une autre dimension.

Lorsque je quitte enfin l'hôpital, les Témoins de Jéhovah empêchent mes proches de venir me visiter. Ils doivent être écartés de mon entourage, car, selon les écritures, ils sont « destinés à la destruction ».

Mes frères et sœurs m'entourent constamment. Une fois de plus, ils répondent présents face à un événement malheureux de ma vie.

Chapitre IV

En route vers la ville de refuge

De retour à la maison, je suis contrainte au repos absolu.

Quinze jours sont passés depuis l'accident et, malgré mon état de santé, l'étude du livre du mardi continue de se tenir dans notre salon. Le maintien de cette réunion est perçu comme un privilège, un honneur.

Un Ancien s'enferme dans la cuisine pour parler avec Jean-Marie. Quand j'entre, tous deux se taisent immédiatement. Mon mari semble pensif et triste. L'Ancien prend la parole :

- Maintenant, tu vas devoir regagner la Watch Tower, la ville de refuge. Jusqu'au moment où Jéhovah interviendra. Lorsque tu seras sauvée, tu reverras tes deux petites filles sur la Terre restaurée en paradis où la paix et la sécurité régneront. Tu pourras les élever, les aimer, les chérir. Si tu veux retrouver tes enfants dans le monde nouveau, tu dois être parfaite, irréprochable aux yeux de Dieu.

La ville de refuge (Nombres 35 : 6 « […] les six villes de refuge, cédées par vous pour que le meurtrier puisse s'y enfuir […] ») est, à l'origine, un endroit où les assassins involontaires pouvaient se réfugier.

L'Ancien n'a pas prononcé le mot « assassin », mais je sais à présent que l'on considère que j'ai tué mes enfants ! Je conduisais la voiture, je suis donc tenue pour responsable de leur mort. Au lendemain des faits, je suis à leurs yeux une criminelle, involontaire, mais criminelle tout de même. Jamais les Anciens ne m'interrogeront ou ne demanderont à consulter les dossiers d'enquête, qui furent classés sans suite par le parquet. De toute façon, je ne me souviens de rien : amnésie post-traumatique.

Les paroles de l'Ancien résonnent dans ma tête. Je prends mon manteau et je cours dans la neige à travers le bois. Je crie de toutes mes forces, implorant Dieu de me redonner mes bébés. Ma souffrance est immense.

La résurrection est une « doctrine élémentaire », un des fondements de la foi sans lesquels nous ne pourrions jamais devenir des chrétiens mûrs. Pendant dix-huit ans, je vais croire que mes petites sont endormies et qu'elles sortiront du tombeau au jour d'Armageddon. Jéhovah nous les rendra « probablement », comme il est indiqué dans un verset, si nous en sommes dignes !

Dorénavant, et cela, vingt-quatre heures sur vingt-quatre, je me soumettrai aux règles par mes gestes, mes pensées et mes choix. Atteindrai-je la perfection que Jéhovah attend de moi ?

Nous avions besoin de cet espoir pour vivre. En nous promettant de revoir nos enfants dans « son » paradis, l'Organisation enracinait pour de bon notre appartenance au mouvement. Rester Témoin de Jéhovah était pour nous l'unique moyen de faire probablement partie des « élus ».

*

* *

Jean-Marie envoie une bonne centaine de faire-part de remerciements :

« Merci du fond du cœur du soutien que vous nous avez donné lors du décès de nos chères petites Gabrielle et Jaël.

C'est déjà un soulagement à notre tristesse qui verra sa fin à l'entrée du monde nouveau. »

Nous choisissons le monument funéraire. Sur la pierre tombale, nous décidons de faire graver un dessin de deux enfants qui sortent des tombeaux et qui tendent les bras à leurs parents, un dessin inspiré de ceux que l'on peut trouver dans les périodiques des Témoins de Jéhovah.

N'en soyez pas étonnés,
car elle vient, l'heure
où tous ceux qui sont dans les tombeaux
entendront sa voix
et sortiront… (Jean 5 : 28)

Seule cette phrase figurera sur la pierre, avec les deux prénoms. Pas de date de naissance ni de décès…

Armelle est revenue à la maison. Elle est bouleversée par la perte de ses deux petites sœurs. Elle aurait dû recevoir un encadrement psychologique, mais les Anciens jugent certainement cette démarche inutile.

Les Anciens me répètent toujours cette litanie : « Tu les reverras vite, tes enfants ! Le monde nouveau va bientôt arriver. Jéhovah va faire le nécessaire. »

Je suis diminuée par la prise de nombreux médicaments. Maman s'est installée à côté de notre maison, dans l'ancienne bergerie transformée en joli studio exprès pour elle après son accident cardiaque, et elle ne se gêne pas pour venir me réveiller aux aurores et aller faire ses courses. Cela provoque une dispute mémorable entre elle et Jean-Marie : il menace ma mère de la mettre à la porte ! Elle ne manque pas de téléphoner aux Anciens qui donnent l'ordre à mon mari de lui présenter des excuses.

L'hiver 1979 est terrible. Il m'arrive de penser que mes petites ont froid au cimetière. Je voudrais parfois leur apporter des couvertures pour les réchauffer.

Mon médecin nous conseille d'avoir à nouveau un enfant, « pour sceller votre couple et combler votre besoin de maternité ».

En mars, Armelle a la rubéole. Nous retardons notre projet tout en renouant tant bien que mal avec le quotidien.

Nous partons au Grand-Duché de Luxembourg pour célébrer notre anniversaire de mariage, seule fête chrétienne autorisée par « La Règle ».

Zhora est conçue lors d'une étape à Mâcon, pendant les vacances.

Pour cette nouvelle gestation, je mets toutes les chances de mon côté. Je tente de rester calme et détendue tout au long des neuf mois d'attente. Zhora allait représenter le soleil de la famille, l'enfant de l'espoir, l'enfant d'un nouveau départ. De mes quatre grossesses, celle-ci a été la plus belle, la plus attendue, la plus espérée.

Jean-Marie n'épargne pas sa peine pour que les transformations de la maison s'effectuent rapidement. Il utilise les pierres récupérées d'un mur joignant la vieille bergerie pour faire un espace tout neuf pour une cuisine, une salle de bain et un garage.

Le 7 avril 1980, vers 4 heures du matin, je ressens les premières contractions. À 6 heures, nous prévenons Maman, qui doit veiller sur Armelle. Notre fille est remplie de joie à l'annonce de l'arrivée imminente de sa sœur cadette. Nous partons vers la maternité. La valise sur les genoux, je pense à nos deux petites princesses.

Dans la salle de travail, Jean-Marie m'aide à respirer. Le docteur Malherbe, qui a mis au monde Jaël, demande à ce que me soit placée une perfusion pour accélérer le travail. L'ouverture du col de l'utérus se fait lentement. Elle demeure bloquée à huit centimètres.

Je suis en proie à l'angoisse. Est-ce que cet enfant arrivera dans des conditions normales ? Mon médecin me rassure et branche le monitoring pour écouter les battements de son cœur. Je pousse et pousse encore. La tête de Zhora est sortie, mais son corps reste dans le mien. J'ai l'impression d'être à bord d'un bateau perdu dans la tempête. Je n'en peux plus, je suis prête à baisser les bras. Mais il n'est pas question de pratiquer une césarienne : Zhora est trop engagée. Le docteur tire sur sa tête pour l'extraire. Il appuie même son pied sur le bord de la table. Mais il va lui arracher la tête ! Je prie Jéhovah de venir me donner des forces pour une dernière et longue poussée. Chacun ruisselle de sueur.

Le gynécologue se démène encore.

La voilà enfin.

– Je peux l'avoir sur moi ?

– Oui, mais vite, car elle a le cordon ombilical autour du cou !

Et une clavicule cassée.

Je pleure de joie à la vue de notre fille. Elle pèse quatre kilos et quarante grammes pour 52 centimètres. Un beau gros bébé !

Avoir notre petite Zhora est une véritable chance.

Le printemps commence. La douleur incommensurable de la perte de mes deux petites fait place à un nouveau bonheur. Quel bien-être de prendre mon « soleil » dans les bras et de la câliner. Zhora est douce, calme et gentille.

Un mois après le décès, j'étais allée porter les vêtements de Gabrielle et de Jaël dans une maison associative, « La maison de la Maman des tout-petits ». J'avais déposé le colis dans le hall d'entrée et m'étais sauvée aussitôt. Nous n'avions gardé que le berceau, que nous avions repeint en brun. Zhora serait habillée avec de nouveaux vêtements et je pourrais ainsi tenter d'oublier, de me reconstruire sur de nouvelles bases.

Lors de la grossesse, Armelle n'a cessé de poser son oreille sur mon ventre. Elle a éprouvé un tel chagrin à la mort de ses sœurs ! Avec ses petites économies, elle achète une jolie robe rose pour sa sœur. Elle vient souvent s'accouder sur le berceau pour regarder sa sœur dormir.

Nous ne baptisons pas Zhora. En tant que Témoins de Jéhovah, nous lui laissons le « libre choix » : elle décidera elle-même plus tard si elle veut devenir une adepte ou pas.

Mais les enfants n'ont pas le choix. Mes filles sont nées toutes les deux dans l'Organisation. Elles nous suivent, depuis qu'elles sont bébés, dans tous les rassemblements hebdomadaires. La lecture régulière de livres remplis d'images colorées a ravi leurs yeux de bambins et les cassettes de cantiques ont bercé leurs nuits. Endoctrinés dès leur plus jeune âge, les bouts de chou ne peuvent qu'adopter les croyances de leurs parents.

Les amis, la famille décrivent Zhora comme une enfant calme, bien élevée, qui veut toujours faire plaisir.

Maintenant, je me rends compte que « calme » n'était pas le mot qui convenait. Zhora était renfermée sur elle-même.

Elle a enduré tellement de contraintes durant ses premières années. Elle devait se tenir à l'écart de toutes ces petites fêtes qui font qu'un enfant passe des moments de convivialité avec d'autres.

Chez les Témoins de Jéhovah, les « Fêtes » se définissent comme des « périodes qui se caractérisent habituellement par la suspension du travail profane et des cours scolaires en vue de la commémoration d'un événement ». Souvent, elles donnent également lieu à des festivités familiales ou publiques. On peut leur associer un caractère religieux ou les considérer comme une question essentiellement sociale ou profane. Les serviteurs de Dieu étaient connus comme des gens qui ne célébraient pas les anniversaires ; seuls les païens commémoraient de pareils jours.

« Païens », ainsi sont nommés les « gens du monde », ceux qui n'adhèrent pas à l'Organisation.

Fêter le jour de la naissance relève donc de l'interdit. Seul l'anniversaire de mariage est permis. L'attention doit être sans cesse dirigée vers le Créateur, pas vers les créatures. Nous ne devons pas entretenir le culte de la personne, qu'elle soit vivante ou morte. « Mieux vaut bonne renommée le jour de la mort que le jour de la naissance. »

Les Témoins encouragent les parents à distribuer les cadeaux à n'importe quelle époque de l'année. Chacun montre ainsi à ses enfants que les présents viennent bien en témoignage de leur affection.

À chaque anniversaire de mes enfants, je n'oublie pas de remercier Jéhovah de les avoir eus. Nous leur offrons une petite surprise deux jours avant ou deux jours après la date, et nous leur racontons les événements de leur naissance.

Il n'est bien sûr pas question que mes filles participent aux fêtes de leurs camarades de classe. Quand l'un d'entre eux vient présenter une part de gâteau à l'école, elles doivent lui répondre : « Non merci ». Pour chaque situation, Zhora a une réponse toute faite, notamment quand elle reçoit l'invitation d'anniversaire d'une amie : « Désolée, je ne peux pas m'y rendre. »

Je la laisse toutefois participer à l'anniversaire de Mona, la fille d'une dame iranienne avec qui j'étudiais la Bible, pour qu'elle puisse voir comment cela se passe.

Plus tard, Zhora prétextera un travail commun pour rester tout l'après-midi à l'anniversaire de Stéphanie, sa meilleure copine de classe. La gêne l'envahira quand arrivera le gâteau d'anniversaire avec ses bougies : elle ne connaît ni l'air ni les paroles de la chanson que tous reprennent joyeusement en chœur.

Nous ne vivons pas pour les fêtes, nous n'existons que pour le monde nouveau.

Dans notre région, le 6 décembre, Saint Nicolas apporte des cadeaux aux enfants sages. Ce jour-là, Zhora n'en reçoit jamais. Elle doit s'absenter de l'école parce que le grand saint vient saluer tous les élèves de sa classe. Elle va chercher les bonbons et les cadeaux deux jours plus tard.

Selon les enseignements des Témoins de Jéhovah, Noël est inconnu des premiers chrétiens. Pas question de décorer le sapin de boules scintillantes et de guirlandes colorées. Zhora se souvient avoir attendu le départ des autres élèves pour couper un morceau de guirlande, le cacher dans son cartable et le mettre elle-même, le lendemain, dans le sapin de la classe.

Nous mangeons la bûche glacée avant ou après la date officielle. Avant de la présenter à table, je retire systématiquement les figurines de rennes, de sapin et de Père Noël qui y sont plantées.

Le 31 décembre est pour nous un jour comme un autre. Pendant que tout le monde réveillonne, nous préparons nos tournées de prosélytisme et nous étudions les périodiques édités par les Témoins de Jéhovah que nous utilisons lors de nos déplacements. Pas de serpentins, pas de cotillons… Si quelqu'un nous souhaite une Bonne Année, nous devons lui répondre « merci. », et surtout pas « également. » Il faut aussi profiter de cette occasion pour rendre témoignage : « Croyez-vous que l'année sera bonne avec toutes ces guerres, les famines, le chômage… ? Vivement le Paradis sur Terre ! »

Pas de galette des Rois ni de crêpes au moment de la Chandeleur. Nous en mangeons à d'autres occasions.

Pas de carnaval non plus : c'est une fête païenne. Personne ne peut se déguiser ou assister à un cortège carnavalesque. En classe, Zhora refuse de bricoler un masque ou de faire un dessin sur le thème des festivités du carnaval.

À Pâques, le jardin reste vide. Si Zhora reçoit des œufs en chocolat à l'école, elle les mange vite avant de rentrer à la maison. Elle ne dessine pas le lapin de Pâques et ne décore pas les œufs. Elle réalise un bricolage intitulé : « la Famille lapin heureuse dans le Paradis ».

Pour la fête des Mères, l'institutrice, respectueuse et compréhensive des convictions de Zhora, s'arrange pour que dans le poème à réciter, elle n'ait pas à déclamer le passage où il faut mentionner « Bonne fête ». Zhora se souvient qu'elle m'a un jour offert un présent qui a fini directement dans la poubelle, encore emballé.

De mon côté, je tente de trouver des compromis. J'aime ma mère et ma belle-mère. J'arrive chez elles quelques jours avant ou quelques jours après avec un cadeau ou un bouquet de fleurs. Pour la fête des grands-mères, j'envoie une carte où j'écris que ma grand-mère pourra retrouver mon grand-père au Paradis.

Même la fête nationale est interdite. Puisque nous sommes les « soldats de Dieu », il n'est pas question pour nous de perdre du temps à regarder le défilé militaire.

Lorsque Jean-Marie se laisse tenter par une retransmission à la télévision, Armelle le rappelle très vite à l'ordre : « tu devrais avoir honte ! »

Bref, toutes les occasions spéciales de la vie scolaire sont interdites à Zhora. Elle est, à cause de cela, un sujet perpétuel de moquerie. Elle a très peu d'amis et s'isole de plus en plus. Dans la cour de récréation, elle s'applique à instruire les quelques enfants qui acceptent de jouer avec elle sur la vérité et à les amener à croire en Jéhovah.

Nous nous consolons parfois en pensant à ces phrases : « Si nous faisions partie du monde, le monde serait épris de ce qui serait le sien. Mais parce que nous ne faisions pas partie du monde et que Jéhovah vous avait choisis du milieu du monde, à cause de cela, le monde vous hait. »

*

* *

Zhora a deux ans maintenant. Huit années se sont écoulées depuis mon baptême. Je me suis toujours efforcée d'être un bon Témoin. Autrefois, je ne m'inquiétais guère de certains doutes, je n'avais pas de remords si je ne m'impliquais pas totalement dans mes actions. Depuis le jour de l'accident, quatre ans plus tôt, ma vision des choses a changé : je dois faire deux fois plus d'efforts que les autres puisque j'ai, disent-ils, deux dettes de sang et que je devrai être sauvée par Jéhovah le jour de mon jugement, au lendemain du jour de guerre du Tout-Puissant Armageddon. Je dois absolument devenir cette femme digne du royaume de Jéhovah pour avoir une chance de revoir mes deux princesses.

Je n'ai pas eu la force de chercher du travail, mais je continue d'accomplir l'œuvre de Jéhovah en frappant chez l'habitant et en me rendant aux réunions d'étude : « Quoi que vous fassiez, travaillez-y de toute votre âme comme pour Jéhovah et non pour les hommes. »

Mais, tout autant que le fait d'amasser des richesses, ne pas avoir de travail est mal perçu : « Les chômeurs sont des parasites de la société ! » Une Sœur médisante ne s'est pas gênée pour me faire cette réflexion à l'étude du mardi, quelques jours seulement après l'enterrement de Gabrielle et de Jaël.

Cette phrase me hantera longtemps.

Je décide de remonter la pente afin de pourvoir aux besoins matériels de la famille et je m'inscris à un stage de remise à niveau en langues étrangères. Bonne élève, je passe avec succès les examens dans les cours parallèles : dactylographie, sténographie, comptabilité et droit. Cette formation me redonne confiance en moi. À cette époque, je suis très fière de présenter en la commentant une brochure, *Les Témoins de Jéhovah au XXe siècle*. Chaque étudiant ressort de la séance avec un exemplaire.

À la maison, Jean-Marie me met une annonce sous le nez : « Recherche secrétaire de direction pour une entreprise en fournitures de bureau. » Je ne me sens pas capable d'assumer un pareil poste, mais, poussée par mon mari, j'envoie ma candidature alors que je n'ai pas fini le stage. Le directeur général me choisit parmi trois cents personnes. Je considère cet emploi comme un cadeau de Dieu, une récompense pour avoir parlé des Témoins de Jéhovah au cours.

Le directeur me convoque pour fixer le salaire. Il me demande ce que je pense du fait de proposer des « compromis » à mon interlocuteur. Je rétorque immédiatement :

– Je suis Témoin de Jéhovah ! Nous sommes des gens honnêtes. Tremper dans des malversations financières ne m'intéresse pas du tout. Je m'efforcerai de faire mon travail impeccablement. D'être souriante, accueillante, ordonnée et méticuleuse dans la tenue des dossiers.

Quelques jours plus tard, le directeur du personnel m'invite à un repas de midi. À mon grand désarroi, il m'apprend que je ne serai pas la secrétaire de direction du directeur général, mais celle du directeur des achats. Était-ce à cause de mon manque de flexibilité ? De mon refus d'envisager des compromis ? Le directeur des achats me fait cette confidence :

– Je crois, Michèle, que vous n'auriez pas accepté d'être un toutou. Je vais vous offrir l'occasion de vous épanouir en anglais, en allemand et en italien.

Ma fierté grandit à l'idée d'appliquer mes compétences linguistiques.

Aux réunions, je côtoie des responsables marketing venant des quatre coins du monde : Danemark, États-Unis,

Italie, Canada, Allemagne…

Au printemps 1983, je suis prise de violentes douleurs dans la poitrine. Sur le conseil d'un médecin, je passe des examens cardiaques. Les résultats sont négatifs. J'ai un mois de repos.

En juillet, je me rends à l'assemblée avec mon mari. Derrière moi, une personne m'appelle, s'approche et m'embrasse. Je n'en reviens pas : c'est l'ex-épouse de Jean-Marie, qui vient d'être réintégrée. Je suis surprise de voir agir de la sorte celle qui m'a tant fait souffrir.

Je lui pardonne et lui propose de venir avec sa fille, Lucille, déguster une tarte chez nous. Une heure avant son arrivée, je fais de mon mieux pour me mettre en beauté. Je ressens une légère angoisse : cette femme est belle et enjôleuse. Autour de notre tarte aux groseilles rouges, nous invitons Lucille à nous accompagner pour nos vacances à Tarascon. La jeune adolescente est d'accord dans la seconde.

Mais, durant ce voyage, Jean-Marie et moi nous chamaillons. Lucille – qui ne prendra jamais d'engagement envers les Témoins de Jéhovah – traverse sa crise d'adolescence et met notre sang-froid à l'épreuve. Jean-Marie cède à tous ses caprices. Il est très proche et très complice de sa fille.

Une semaine après mon retour de vacances, le directeur du personnel me convoque : je suis licenciée. J'ignore pour quelle raison.

Avec mes talents de démarcheuse, je trouve très vite un nouvel emploi où j'ai droit à des congés les après-midi du mercredi et du vendredi. Cela m'arrange bien, car je peux ainsi m'occuper de ma petite Zhora et d'Armelle, qui fréquentent toutes deux les écoles du quartier, à deux pas de mon travail. Voilà qui me laisse encore plus de temps pour m'impliquer dans la prédication.

Mes problèmes continus de maux de ventre ont un avantage : je retrouve une silhouette filiforme. Je souffre en fait d'œsophagite, ce qui se traduit par une déglutition difficile et douloureuse, ainsi que des ulcères à répétition et une hernie hiatale. Pour cette dernière, je suis opérée par un spécialiste de grande réputation. Mais le manchon qu'il réalise s'avère vite trop long. Cela provoque de violents vomissements. En plus, un abcès s'est formé sur la cicatrice. Le chirurgien me demande d'être patiente et m'assure que cela évoluera au fil des mois.

Mais je ne vois pas d'évolution. Je perds encore beaucoup de poids. Mon régime se résume à du poisson, de la purée et du chocolat. Des croûtes de pain, par exemple, boucheraient l'entrée de mon estomac et entraîneraient de violentes douleurs. Par respect pour mes enfants et pour le repas familial, je mange avec les autres pour ensuite aller me faire vomir dans les toilettes.

À cause des conséquences désastreuses de cette première opération, je dois partir à l'étranger avec un appareil à « bougirage », selon les termes du gastro. Il s'agit d'un grand tube en plastique flexible que je dois introduire par la bouche et faire descendre jusqu'à l'entrée de l'estomac si un problème de déglutition se présente. Cela doit en principe faciliter le passage de la nourriture.

Ces problèmes stomacaux, qui subsistent encore aujourd'hui, m'empêcheront de reprendre une activité professionnelle jusqu'à l'âge de la pension.

Chapitre V

Mes premiers doutes

Nouveau chirurgien. Nouvel hôpital. Toujours la même habitude : celle d'écrire une lettre déchargeant le corps médical d'une éventuelle transfusion sanguine. Comme je suis régulièrement atteinte d'ulcères à l'estomac, l'opération comporte un risque de déchirure qui pourrait entraîner un saignement important. Si cela devait arriver, la perfusion s'imposerait. Je dois donc prendre mes précautions.

L'anesthésiste en chef de l'hôpital, le docteur Dubois, écoute ma requête. Je lui donne ma lettre et il revient avec une feuille vierge. Il sait sans doute que le texte que j'ai écrit fait partie des instructions de l'Organisation. Sur la feuille, je recopie mot pour mot le passage du livre qui concerne les transfusions de sang. Malheureusement pour le médecin, je connais le texte par cœur :

« Je, soussignée Michèle Saenen, demande qu'il ne me soit administré ni sang ni dérivés de sang durant mon hospitalisation, même si le médecin traitant ou ses assistants estiment qu'un tel traitement est nécessaire pour préserver la vie du patient ou pour hâter sa guérison. Je décharge le praticien, ses assistants, l'hôpital et son personnel de toute espèce de responsabilité pour toutes les conséquences fâcheuses qui pourraient résulter de mon refus de consentir à l'emploi du sang ou de ses dérivés. »

Dans les instructions, il est dit, en outre :

« Cette déclaration doit être datée et signée par le malade et par les témoins présents. Elle peut être également signée par le conjoint ou encore par le père ou la mère (s'il s'agit d'un enfant). » Je suis parfaitement la consigne. L'anesthésiste est contraint d'agréer ma demande.

L'opération est un succès malgré une grande perte de sang. Je développe ensuite une anémie due à une carence en fer.

– Ce ne sont pas des médicaments ou des injections qu'il vous faut, ce sont des rails de chemin de fer !, me dit le chirurgien.

Malgré mon affaiblissement, je suis très fière d'avoir obéi à la loi de Jéhovah en n'acceptant pas de sang. Après trois interventions chirurgicales, l'ouverture de mon estomac est passée de la taille d'une pointe de stylo à quatre millimètres. C'est encore insuffisant.

Un dimanche soir, me voilà de nouveau à l'hôpital pour une dernière opération, pratiquée par le docteur Fiasse. Ce dernier me demande d'avaler un petit sachet de mercure à l'extrémité duquel est attaché un fil. Pendant la nuit, le sachet effectue sa traversée au cœur de mon estomac.

Le lundi, je quitte seule ma chambre. Au bout du chemin m'attend la torture d'un élargissement complet de mon œsophage. Coincée entre deux assistants, je suis debout face à une plaque de radiographie qui permet au chirurgien de suivre son travail dans mon corps. Il me gave de tuyaux, sans anesthésie. Il insuffle de l'air dans un ballon situé à l'entrée de mon estomac, provoquant ainsi une dilatation. Les quatre millimètres doivent devenir quatre centimètres. La douleur est insupportable.

– Gardez les yeux ouverts ! Gardez les yeux ouverts !

Je m'anesthésie par une vision : je me vois courir aux côtés de mes deux petites princesses, d'Armelle et de Zhora, au pied d'une montagne, dans un cadre verdoyant, baigné par le soleil. C'est mon paradis. Je suis transportée dans l'univers de Jéhovah, avec, comme références, les photographies des livres où l'on voit toutes les races qui se côtoient joyeusement. Les injonctions du médecin résonnent au loin. Je ne les entends presque plus. Je chante et je bois l'eau du lac avec mes enfants. Je crois vraiment à leur résurrection et l'image de ma famille, unie et heureuse dans ce paysage enchanteur, éteint définitivement la souffrance.

L'intervention terminée, je suis debout et consciente. Pour le corps médical, je suis un cas unique de résistance à la douleur ! Je prie ardemment Jéhovah de me soutenir dans cette épreuve, car cette procédure d'élargissement va être renouvelée quatre fois durant la semaine de mon hospitalisation.

Toutes ces opérations de l'estomac m'ont mis les nerfs à rude épreuve. Je tombe dans une seconde dépression, plus importante que la première.

Lorsque je reprends mon poste, je suis convoquée par mon patron et son collaborateur. Ils me font part du bilan financier, un travail réalisé par le comptable dont j'avais reçu la visite avant mon opération. Ils me reprochent de ne pas avoir corrigé les erreurs de ma remplaçante. Je craque et je pleure.

Je pars en Italie pour les vacances et, à mon retour, je découvre un recommandé dans le courrier. C'est une notification de préavis. Je suis licenciée.

Comme il n'y a plus qu'un seul salaire qui alimente le budget familial, nous décidons de mettre en vente notre maison. Le soir même, elle trouve un acquéreur. Jean-Marie opte pour l'achat d'un appartement en ville qui lui permettra de se rapprocher de son travail.

*

* *

Quelques années auparavant, à quinze ans, Lucille avait quitté le domicile de sa mère. Elle n'acceptait pas le nouveau mari de celle-ci, R., veuf et également Témoin de Jéhovah. Pour aider Lucille, nous avions aménagé une chambre dans le grenier avec un bureau et transformé une pièce en salon de détente avec une bibliothèque et une télévision.

Une connivence certaine s'était installée entre elle et moi. Le soir, dès que les filles étaient couchées, Lucille venait me rejoindre dans le living. Assise sur le sol, elle me faisait part de ses états d'âme d'adolescente.

Lucille avait fini par accepter de partir avec sa mère et son beau-père pour les vacances. Elle avait joui pendant ce séjour d'une totale liberté et, au retour, sa mère avait trouvé des lettres d'un petit ami français. Visiblement, leur relation avait dépassé le stade du baiser. Sa mère avait prié Jean-Marie de lui faire la leçon.

À cette nouvelle, nous lui avions demandé, Bible en main et lui citant les versets appropriés, de se conformer aux règles de notre famille, alors qu'elle n'était pas Témoin de Jéhovah !

Bien évidemment, Lucille nous en avait voulu et était repartie vivre auprès de sa mère. Son silence et son opposition à nous voir dureront cinq ans.

Cette expérience a renforcé son refus d'adhérer à l'Organisation. Fort heureusement pour elle et pour les siens.

Nous étions déjà intervenus de la même manière dans la vie privée de Colette, la jeune sœur de Jean-Marie, qui logeait de temps à autre chez son ami Joseph. Une conduite formellement proscrite pour les Témoins ! Ils ne l'étaient pas, mais « La Règle » nous interdisait de côtoyer des proches qui auraient de telles pratiques. Dans une lettre, nous leur avions expliqué que nous ne les fréquenterions plus, à cause de leur comportement immoral.

Lucille commence des études supérieures d'assistante sociale. Plutôt que de loger chez nous, elle choisit d'habiter dans un logement d'étudiants. Elle veut garder son indépendance. Elle passe seulement de temps à autre voir son père à l'étude notariale.

Mais Lucille interrompt son cursus scolaire après un an, pour partir vivre aux côtés de son ami. C'est sur le quai de la gare qu'elle avertit son père par téléphone de son départ pour le Sud.

Plus tard, Jean-Marie reçoit une carte postale de Lucille qui nous rassure : elle habite en Ardèche avec un nouveau compagnon. Nous apprendrons par Francine, le témoin de mon mariage et fidèle amie, que Lucille attend un enfant et qu'elle a définitivement élu domicile au pays des cigales. Au mois de janvier, à la date présumée de l'accouchement, nous téléphonons chacun de notre côté dans toutes les maternités de la région.

Son père parvient à la joindre. Elle ne marque aucune opposition à ce que nous venions la voir. Mon psychiatre non plus :

– C'est bien de faire ce voyage, mais n'oubliez pas de vous faire plaisir, me dit-il.

À cause de mon état qui décline, j'ai en effet commencé une thérapie avec le docteur Blaise.

Cette initiative est, en principe, contraire à « La Règle » : aller trouver un psychologue, ou pire, un psychiatre, c'est rencontrer Satan !

Un article d'un périodique précise cependant que, si la consultation d'un thérapeute est préconisée par le médecin de famille, elle peut être acceptée. Ma démarche a donc été approuvée par les Anciens, mais, que ce soit à mon domicile ou à la Salle du Royaume, ils me font parler pour connaître le contenu de mes séances. Ils entrent dans mon jardin secret pour s'assurer que le docteur Blaise ne m'incite pas à quitter l'Organisation.

Dans le TGV qui nous emmène vers le Sud, je répète mes scènes de théâtre en vue des examens. Faire du théâtre : encore une idée de mon thérapeute qui me permet de me changer l'esprit et de penser un peu à moi. J'aurai mon petit succès dans mon immeuble en déclamant à haute voix les scènes de ménage de *Qui a peur de Virginia Woolf ?*

Jean-Marie est grand-père d'une première petite-fille, née au début de l'année 1990. Pendant notre séjour, j'applique les conseils du docteur Blaise : je m'octroie de menus moments de bonheur. Nos retrouvailles avec Lucille nous ont fait du bien.

Celle-ci revient près de chez nous. Quand Zhora voit sa nièce pour la première fois, elle lui offre une poupée. Armelle se réjouit également. Les trois sœurs réunies forment un beau tableau.

Mais, malgré cette sérénité familiale retrouvée, je ne parviens pas à sortir de la dépression. Je souffre de l'estomac, du syndrome de Ménière – je suis parfois prise de vertiges soudains – et d'hypertension. Cela fait un an que je ne travaille plus, mais, par contre, je me dépense comme une folle pour Jéhovah : je m'occupe maintenant de huit études bibliques à domicile par semaine. Je me tue à la tâche.

Il m'arrive d'avoir des envies de mourir. Je quitte l'appartement comme une furie en criant que je vais me jeter dans le fleuve. Je répète souvent à mon époux et à mes enfants que j'encombre leur vie et que je les empêche d'être heureux. Dans ces instants de folie, je pars avec ma voiture et je téléphone d'une cabine à mon mari : « Adieu. Je vous aime. Vous souffrez trop à cause de moi. »

Je veux m'en aller afin d'épargner mes problèmes à mes proches. Pourtant, jamais je ne me laisse escalader la rambarde pour mourir.

Je me sens si inutile. Je trouve un peu de réconfort dans une lecture interdite : je passe régulièrement au rayon papeterie du grand magasin à côté de chez nous pour y acheter un magazine féminin. Le lire me permet de ne plus penser à mes huit élèves spirituels. C'est très important pour moi.

*

*   *

– Vous êtes libre ! Si vous souffrez par rapport à tout ce qu'on vous demande chez les Témoins de Jéhovah, rien ne vous empêche de les quitter, me dit mon psychiatre.

Nous maintenons l'étude de livre du mardi, mais je reste souvent dans ma chambre. Malgré les incitations des Frères et Sœurs qui me visitent, je n'ai plus le courage de me rendre aux réunions de la Salle du Royaume. Quand je trouve la force d'y entrer, les Anciens m'attendent et me désignent une chaise accolée au mur dans le fond de la salle. On ne doit pas me remarquer.

Je ne me déplace bientôt plus du tout à la Salle du Royaume. Le matin, je n'ai même pas envie de prendre une douche. Je me traîne pendant des heures dans l'appartement avec, sur les oreilles, le casque de mon baladeur hurlant du Charles Aznavour. Mon attitude inquiète beaucoup Jean-Marie.

Comme je suis incapable d'aller sur la route pour rendre témoignage, mais que je me sens obligée d'accomplir les prédications, je procède différemment : j'achète le journal, je parcours la page nécrologique et je prends la plume :

« Madame, Monsieur,

C'est en parcourant le journal de samedi que j'ai pris connaissance de la terrible nouvelle. Votre fils Christian vous a quittés des suites d'un accident de la route. Sachez que je suis de tout cœur avec vous et que je comprends votre peine, ayant perdu moi-même deux petites filles dans un accident.

Quand un tel événement vous arrive, le monde s'effondre autour de vous. Vous croyez vivre un cauchemar, parfois même vous souhaiteriez mourir.

La perte d'un enfant est particulièrement douloureuse pour la mère. Ainsi la Bible parle-t-elle de la profonde tristesse d'une mère privée de son enfant (2 Rois 4 : 27). Il est évident qu'un tel malheur plonge également le père dans le chagrin. « Ah ! que ne suis-je mort à ta place ? », se lamenta le roi David à la mort de son fils Absalom (2 Samuel 18 : 33).

Pour ma part, j'ai trouvé un grand réconfort auprès des Écritures, car la Bible promet : « Tes morts vivront [...]. Ils se relèveront. » Elle dit encore : « Les Justes posséderont la terre et, sur elle, ils résideront pour toujours. » Sur une terre transformée en paradis où il n'y aura plus « ni cri, ni deuil, ni douleur, où les choses anciennes auront disparu », imaginez quel bonheur de retrouver à tout jamais nos chers disparus ! Quant à nous, nous retrouverons la santé, et, tous ensemble, nous vivrons enfin heureux. Croyez-moi, grâce à la foi en la résurrection, malgré notre chagrin, nous retrouvons l'espoir, comme dit la Bible en I Thessaloniciens 4 : 13 : « Vous ne vous affligerez pas comme les autres qui n'ont pas d'espérance. » Au contraire, nous nous approchons de Dieu dans la prière et la Bible promet qu'il nous soutiendra. Pour Lui, un soupir est une prière !

Je serais très heureuse de vous rencontrer, si vous le souhaitez, afin de partager avec vous, gratuitement, mon espérance, et de vous aider à mieux connaître les Écritures. Voici mes coordonnées.

Entre-temps, je vous prie d'accepter, Madame, Monsieur, mes sincères condoléances et mon amitié. »

De tels modèles de lettre circulent dans les congrégations.

J'y mets tout mon espoir et toute ma foi. Je procède de cette manière pour toutes les annonces de la page, mais avec une approche différente selon que le défunt laisse un mari, une femme, une sœur ou un enfant. Et, chaque fois, je stipule clairement et avec ferveur qu'ils reverront leurs chers disparus dans ce monde nouveau gouverné par Jéhovah ! « Les tombes s'ouvriront au jour du Tout-Puissant. Leurs chers défunts en sortiront et ils pourront les retrouver pour vivre dans ce paradis. »

*

* *

Avec le docteur Blaise, que je consulte deux fois par semaine, je mets peu à peu le doigt sur ce qui m'a fait mal dans mon enfance. C'est peut-être là que se trouve l'origine de mes nombreux problèmes de santé. J'ai accumulé tant d'expériences de rejet que celui de mon dernier patron m'a anéantie.

– Vous avez souffert d'accrocs relationnels avec votre père. Et, aujourd'hui, celui qui représente votre père est Jéhovah, votre Dieu. En vous remettant en question par rapport à votre vécu, vous ne pouvez plus voir ce père spirituel et vous rejetez tout.

Jéhovah est l'être parfait. L'être malade que je suis n'est plus en mesure de le servir comme il l'attend.

Je suis une femme qui n'a pas répondu à l'attente de son père et qui provoque à présent la même déception à son Dieu.

Je montre un jour au docteur Blaise un album. Il contient entre autres des photographies que j'ai réalisées lors du mariage d'un jeune couple. Cela semble si loin…

– Mais c'est ça que vous devriez faire ! dit-il, étonné par la qualité des clichés. Votre père a refusé que vous deveniez reporter. Pourquoi ne décideriez-vous pas de vous inscrire à un cours du soir pour développer votre talent ? C'est en plus une activité qui serait autorisée par la sécurité sociale, car elle entre dans le cadre de la thérapie.

Me voilà bien surprise.

Je choisis d'écouter les conseils du docteur et je commence à suivre des cours dès septembre, deux fois par semaine, pour devenir photographe.

J'acquiers un registre de commerce en activité indépendante complémentaire. Je suis aussi des cours de comptabilité, pour obtenir, deux ans plus tard, mon diplôme en bonne et due forme. Une fois encore, je réponds à « La Règle » : un Témoin de Jéhovah ne peut pas travailler dans l'illégalité. Impensable d'exercer au noir !

Jean-Marie m'installe un petit labo chez nous en grignotant quelques mètres carrés sur la chambre de Zhora. Je suis épaulée par photographe de renom, qui est mon ancien maître de stage.

Le travail ne manque pas. Je dois même limiter les demandes en raison de mes problèmes de santé. La joie revient en moi quand, au cœur des cérémonies, j'immortalise ces moments magiques entre un homme et une femme. C'est le bonheur, même si les choses se compliquent parfois, par exemple, lorsque je dois couvrir un événement festif comme le carnaval.

J'ai à cœur de remercier Jéhovah pour cette joie recouvrée.

En réalisant ces reportages, j'entre dans la peau d'une autre femme : une femme qui saisit les émotions instantanées. Je relève la tête. Je retrouve le respect de moi-même, le goût de prendre soin de mon corps et le plaisir de me faire plaisir. C'est une renaissance. La photographie devient pour moi le meilleur des médicaments.

Mais ce sera sauter pour mieux reculer. Ils savent que je suis encore fragile et très manipulable. Ils ne manqueront pas de me rattraper avec leur amour et leurs règles.

*
* *

Nous décidons de déménager à nouveau et nous partons nous installer dans un des plus jolis coins de notre région, à deux kilomètres d'une petite ville pittoresque et touristique.

Jean-Marie souhaitait retrouver l'air de la campagne.

La vie dans la grande cité l'épuisait. Il travaillait énormément. Pour que nous puissions nous en sortir financièrement, il avait pris une activité complémentaire et avait commencé à gérer un portefeuille de ventes d'habitations. Nous ne nous voyions presque plus.

Plusieurs semaines plus tard, je veux faire un cadeau à Dieu pour m'avoir permis de renouer avec mon ancienne passion et d'avoir regagné un équilibre personnel et familial. Je demande aux Anciens de notre nouvelle congrégation l'autorisation de consacrer soixante heures à l'Organisation en tant que « pionnier ».

Deux d'entre eux viennent nous trouver à la maison un samedi matin.

– Michèle, tu ne peux pas être pionnier.

– Pourquoi ?

– Parce qu'en faisant des reportages dans les églises, tu perpétues le faux culte.

– Comment ça ? Un reporteur de guerre ne fait pas la guerre. Moi, je ne participe pas au faux culte, je ne fais que de rapporter les événements.

– Comment est-il possible que vous réagissiez ainsi ? rétorque Jean-Marie.

Vous ne vous rendez pas compte de ce que vous dites ! C'est la photographie qui a permis à ma femme de sortir de la dépression. Il n'est pas question qu'elle arrête !

Jean-Marie se lève et quitte la pièce. Les deux Anciens me regardent fixement.

– Puisqu'il en est ainsi, ne t'étonne pas que ton mari ne reçoive pas de privilèges dans la congrégation.

Nous sommes en plein chantage. C'est de la manipulation à l'état pur. Ils savent mieux que quiconque que le fait que Jean-Marie puisse devenir un jour serviteur ministériel est vraiment important à mes yeux.

Déterminé, Jean-Marie revient de la cuisine.

– Si Michèle n'était pas indépendante, si elle était employée par un patron, pourrait-elle faire son métier de photographe ?

– Elle devrait obéissance à son employeur. Bien que sa conscience pourrait lui dire de ne pas faire certains reportages.

– Bien. Alors, je l'engage dans ma société. Fin de la discussion.

Il ne leur reste qu'à partir.

Après cet épisode, l'attitude des uns et des autres change immédiatement à notre égard. Mes compagnes de prédication me saluent à peine. Je suis rapidement mise à l'écart. Je suis insoumise et donc « contaminante ».

Peu importe : je me fais la promesse de tenir bon malgré les commérages. Si je veux devenir pionnier, c'est pour faire plaisir à Dieu ! Je n'ai après tout pas besoin d'une reconnaissance publique. J'effectuerai mes soixante heures de prédication en cadeau à Jéhovah.

Dans cet objectif, je répète sans cesse le même rituel, les mêmes gestes et les mêmes paroles. Sans répit.

Prendre ma voiture, arpenter les campagnes et marcher, sans relâche, malgré le froid et la pluie. Je dois être solide et courageuse !

Ce jour-là, il pleut de plus en plus fort. Je marche encore et encore. J'ai froid, mais je continue. Il me reste une porte à laquelle aller frapper. Une seule. Je grelotte de fièvre, mes cheveux, plaqués contre mes joues, dégoulinent. Même ma petite culotte est trempée. Le propriétaire m'ouvre. Ses yeux s'écarquillent quand il me voit dans ce triste état.

Il est midi. Je suis arrivée au bout de ma « mission ».

Pour tenir, je me suis en réalité autohypnotisée, comme lors de ma dernière hospitalisation. Il s'agit d'une technique fréquemment utilisée. Une fatigue intense conditionne l'adepte à continuer au-delà de ses limites physiques et psychiques. Obsédé par le but fixé par les « supérieurs », l'individu perd tous ses repères. Dans mon cas, il me faut additionner un maximum de prédications en un temps donné pour espérer devenir un pionnier.

*

* *

Armelle et Zhora parlent de la Bible avec une aisance déconcertante. Les activités théocratiques passent toujours avant les devoirs et les examens scolaires et leurs loisirs quotidiens sont régentés par « La Règle ».

Les jeux de société sont autorisés. Mais nous devons toutefois être attentifs à ne pas succomber au phénomène de la consommation de masse. Il est préférable que les parents achètent peu de jouets. Un surnombre traduirait un signe extérieur de richesse ; or, les enfants doivent savoir qu'ils possèdent quelque chose de bien plus important : la vie. Les Écritures encouragent les jeunes à faire du sport, car celui-ci permet de réfréner les besoins sexuels. Mais il ne faut pas le pratiquer dans un esprit de compétition car, en fait, « le sport est utile à peu de choses ».

Dans ce domaine, les enfants sont formés avec les mots « justes ». Ils n'ont pas le droit de vivre l'éveil de leur sexualité. Succomber à la masturbation, c'est trahir Jéhovah. Bien qu'elle ne soit pas citée parmi les péchés graves comme la fornication, la masturbation est bel et bien une pratique impure. Paul disait : « Mon corps, je le bourre de coups et je l'emmène comme esclave. »

À sept ans, Zhora part inconsciemment à la découverte de son corps durant la nuit. Ses gémissements nous réveillent. Nous sommes, bien entendu, très embarrassés. Jean-Marie tente en vain de l'interrompre. Excédé, il la secoue et lui donne une fessée. C'est un devoir de la corriger : « La folie est attachée au cœur de l'enfant ; c'est la verge de la correction qui l'en éloignera. » (Proverbes 22 : 15)

Un soir, nous regardons le film « Le Grand Chemin » à la télévision. Une des scènes montre les ébats champêtres de deux amoureux. Armelle se lève d'un coup. Furieuse, elle nous demande en hurlant d'éteindre la télévision :

– C'est dégoûtant ! Comment peut-on voir un film comme ça en présence de Zhora ? C'est un film pornographique !

Surpris par la réaction d'Armelle, mon mari se fâche. Ma fille téléphone en cachette à la congrégation et nous sommes sur-le-champ réprimandés par les Anciens : nous devons remplacer la télévision par la lecture régulière du Livre de Jeunesse. Les Anciens nous conseillent également de ranger le poste de télévision dans un endroit peu accessible, pour que nous soyons moins tentés. Selon les Témoins de Jéhovah, la télévision (lu à l'envers : « noisivelet ») rend oisif et vole trop de temps à notre vie « chrétienne ».

Seuls les disques que les Témoins enregistrent et qui sont venus au comptoir des publications ou les musiques « pures » sont autorisés. Armelle peut se rendre sans souci au concert de Chantal Goya. Zhora, par contre, brave les interdits en allant voir Roch Voisine. Suite à cette « infraction », Armelle lui demande de retirer les posters des murs de sa chambre et les remplace par des images de périodiques. Zhora a même droit à une étude biblique sur l'idolâtrie.

Pour les congés, nous nous rendons souvent dans un réseau d'auberges situées sur les sentiers de grande randonnée. Il y règne une ambiance de colonie de vacances.

Lors de nos promenades en forêt, Jean-Marie lit à voix haute les pages du Livre de Jeunesse. Jéhovah en a donné l'ordre aux parents. Nous écourtons toujours notre séjour en plein air afin d'arriver à temps à la réunion de deux heures qui a lieu le week-end, le samedi ou le dimanche selon les congrégations.

Armelle revient ravie d'un voyage scolaire en Italie, par ailleurs fortement déconseillé par l'Organisation. À la suite de quoi, elle désire devenir archéologue. Avec Jean-Marie, nous décidons de l'aider de notre mieux à accomplir ses rêves. J'entreprends des démarches administratives pour qu'elle puisse s'inscrire dans une université très réputée pour sa section d'histoire de l'art et qu'une restauratrice l'accueille comme jeune fille au pair. Nous rencontrons les Anciens de sa nouvelle congrégation italienne et nous leur annonçons que notre fille restera une année scolaire en Italie. Nous leur confions notre fille en toute confiance.

Jamais je n'ai vu Armelle aussi heureuse. Elle part sereine pour l'Italie. Elle s'épanouira là-bas, me dis-je. Je n'oublie pas que, par son père biologique, Armelle est moitié italienne. Nous l'accompagnons pour le voyage. Je prends des photos d'elle devant la porte de sa nouvelle école : Armelle est radieuse.

Mais après quelque temps, j'apprends que ma fille rencontre des difficultés. Cependant, ses actes ne me regardent plus : nous l'avons confiée aux Anciens.

Ceux-ci font en sorte qu'Armelle renonce à ses études et quitte l'université. Je suis très en colère.

J'avais pris mes précautions en demandant à Christelle, une ancienne amie qui vit en Italie, de veiller de loin sur Armelle. Elle retrouvait ma fille deux fois par mois pour des sorties culturelles. D'emblée, Christelle me confie son inquiétude :

– Elle a disparu ! Je n'ai plus de nouvelles.

Mon amie passe un coup de fil à la logeuse d'Armelle. Cette dernière lui apprend que ma fille envisage de déménager.

– Il y a quelque chose, me dit Christelle, paniquée. On la voit souvent avec une personne âgée faire du porte-à-porte.

Je téléphone chez la restauratrice d'art. Elle me confirme que ma fille déménage bien ce week-end. Nous sommes jeudi. Armelle ne m'a jamais parlé d'un tel projet.

Je parviens à la joindre :

– J'ai retiré mon inscription à l'université et rompu mon contrat de jeune fille au pair. Je viens de louer un appartement. Je vais devenir femme de ménage.

– Comment ça ?

– Les Anciens m'ont conseillé de faire ce métier. Je ne veux plus continuer mes études. Je veux devenir pionnier.

Je ne reconnais plus ma fille. Je termine la conversation en lui disant que nous en reparlerons le lendemain. Le vendredi matin, Armelle laisse un message sur mon répondeur :

– Je suis majeure. Je fais ce que je veux de ma vie.

Vous n'avez pas le droit de venir me chercher. Je ne rentrerai pas. Cela ne sert à rien de venir me voir. De toute manière, je continue. Je veux être pionnier. Laissez-moi tranquille !

Je soupçonne les Anciens de l'avoir remontée contre moi. Elle leur a probablement parlé de notre conversation téléphonique.

Sous le choc, je téléphone à mon mari. Je déplore tellement de constater que mon enfant compromette de la sorte sa vie. Jean-Marie s'arrange pour déléguer ses dossiers notariaux et nous prenons aussitôt la voiture pour nous rendre au plus vite en Italie. Sur une route enneigée, nous roulons jusqu'à minuit sans effectuer d'arrêt. Nous trouvons une chambre d'hôtel et, à six heures, nous sommes levés, prêts à empêcher notre fille de commettre une grosse erreur. Une heure plus tard, nous sonnons à sa porte. Armelle nous attend sur le seuil de l'appartement. Elle ne nous dit même pas bonjour. Sa logeuse dort encore. Nous partons prendre un petit-déjeuner dans un bar.

Jean-Marie engage la conversation en citant une des règles de l'Organisation : lorsqu'un enfant quitte le domicile des parents en étant toujours domicilié chez eux, alors il est encore sous leur autorité et leur doit soumission. Nous avions convenu que cette règle serait notre force contre les arguments des Anciens que nous devions rencontrer en début d'après-midi. La veille, j'avais menacé ces derniers de faire appel à la police s’ils tentaient de s’opposer à notre volonté de retrouver notre fille.

Armelle nous emmène en balade sur le marché local. Elle connaît pas mal de monde. Nous essayons de lui montrer combien on l’aime, combien on souhaite qu’elle fasse quelque chose de sa vie. Nous lui disons qu’elle est douée en langues et que la profession qu’elle veut embrasser est un beau métier. Mais elle ne cesse de répéter que ce qu’elle désire par-dessus tout, c’est devenir pionnier. Je commence à me demander s’il ne s’agit pas là d’une punition pour un acte « impur » qu’Armelle aurait commis.

Ma fille accepte finalement de nous obéir. Elle est d’accord avec notre compromis : nous lui confions le billet de retour au pays tout en lui laissant le temps de ne pas partir comme une voleuse. Quand nous rencontrons les Anciens, ceux-ci donnent leur assentiment. Nous mangeons tous ensemble chez Christelle. Armelle est plus détendue. Le lendemain, nous appliquons les conditions de son départ.

De retour à la maison, Armelle nous annonce qu’elle veut vraiment arrêter ses études. Elle souhaite plus que jamais embrasser la « carrière » de pionnier. J’essaie de la raisonner :

– Je t’oblige à faire au moins une septième année en section tourisme. Tu maîtrises les langues étrangères avec aisance, ce serait stupide de gâcher ce don. Tu vas vivre dans une région à forte fréquentation touristique. Tu trouveras du travail sans problème.

Tant bien que mal, Armelle reprend des cours au mois de septembre. Elle a appris l'italien, mais a vraisemblablement perdu ses connaissances en anglais : son premier bulletin affiche un échec dans cette branche. Je lui suggère d'aller chez sa correspondante au pays de Galles, Johanne, durant les vacances de Noël.

Armelle revient angoissée de son séjour. Elle dit qu'on l'a salie, qu'elle se trouve impure. Elle a, en réalité, simplement fêté Noël dans une ambiance « British » et a été mêlée à un trop-plein d'interdits : alcool, drogue, garçons…

Armelle va se confier aux Anciens. Jean-Marie et moi sommes de nouveau convoqués au « tribunal ». Encore un comité judiciaire rien que pour nous !

– Comment avez-vous pu envoyer Armelle chez les gens du monde lors d'une période de « paganisme » ? C'est inconcevable !

Je dois me repentir face à eux et faire des excuses publiques. J'ai encore une fois été une femme insoumise. Je marche sur le chemin de l'indiscipline. La punition est immédiate : Jean-Marie et moi n'avons plus le droit de faire un commentaire sur un sujet pendant les réunions, je suis rejetée et oubliée de mes Frères et de mes Sœurs spirituelles pour les invitations. Isolée, je m'investis davantage dans la prédication et l'étude à domicile. Je pousse les limites de la perfection encore plus loin, devenant de plus en plus exigeante envers moi-même.

Armelle a finalement obtenu une bourse pour parfaire ses connaissances en langue en Allemagne. Son absence me fait souffrir. À la maison, Zhora prend du recul vis-à-vis de moi. Le cheval, sa grande passion, lui offre une échappatoire au foyer familial et à l'Organisation et lui permet de combler les frustrations qu'impose « La Règle ».

Je suis loin de me douter que Zhora prend doucement un chemin différent du mien. Elle mène une double vie. Elle me confiera bien plus tard qu'elle vivait en cachette dans le « monde ». Elle enregistrait l'horoscope sur la face B d'une cassette des Témoins de Jéhovah et l'écoutait avec son amie Caroline dans le bus. Elles retroussaient leur jupe en arrivant à l'école et se maquillaient dans les toilettes. Elles ont fumé ensemble leurs premières cigarettes, dissimulées dans une boîte de tampons.

Armelle et Zhora évoluent de façon différente : la première cherche la sévérité et la rigidité ; la seconde, la souplesse et la liberté.

Chapitre VI

Pauline

Pauline a été ma dernière étudiante. Aujourd'hui, nous sommes amies. Des amies libres de penser. Son histoire est un bon exemple de la manipulation exercée par les membres de l'Organisation pour recruter des adeptes.

Nous sommes en 1994.

Quand je sonne chez elle, cette femme timide ne me referme pas tout de suite la porte au nez en criant qu'elle a sa religion personnelle. Elle m'écoute.

– Tous ceux qui croient en Dieu iront dans le monde meilleur qu'il a promis, et chacun vivra dans sa propre maison, aura ses vignes et ses figuiers. Les famines ne seront plus. Les problèmes auront complètement disparu. Les familles pourront enfin être heureuses.

Elle semble visiblement intéressée par mes propos, tout particulièrement par le thème du travail. J'ai mis le doigt sur une réalité problématique pour elle. En fouillant dans mon sac, je sors un autre périodique intitulé *Le chômage, une solution existe.* Je lui montre une image où plusieurs personnes s'activent à la construction d'une maison, une femme s'occupe de son potager. C'est cela le Paradis.

– « Ceux que j'ai choisis profiteront pleinement de l'œuvre de leurs mains. » (Isaïe, XXV : XXII)

J'attire ensuite son attention sur un encadré et je lui lis quelques conseils de la rubrique « Comment créer son emploi à domicile, à l'extérieur ».

Après ma visite, Pauline garde les deux périodiques que je lui ai donnés gratuitement. « Vous avez reçu gratuitement, donnez gratuitement. » Ces périodiques sont en réalité vendus à un tarif laissé au « libre choix » du Témoin de Jéhovah. Celui qui ne repart pas tous les quinze jours avec au moins un exemplaire pour chacun des membres de sa famille peut s'attendre à ce qu'on lui fasse une remarque.

Je mémorise en partant le numéro de la maison et je note sur ma fiche de proclamateur « Revenir ici mardi prochain. Rendez-vous pris. »

La semaine suivante, je viens avec Zhora. Je vérifie le nom sur la sonnette. C'est bien là.

Mon idée est de faire découvrir un livre à Pauline et de commencer l'étude de la Bible. Me permettra-t-elle d'entrer ? J'entends de la musique derrière la porte. Je sonne et elle m'ouvre, un seau et un torchon à la main.

– Bonjour. Pouvez-vous m'accorder quelques minutes ? Nous savons que le temps est précieux pour chacun d'entre nous. J'aimerais savoir si les périodiques que je vous ai laissés vous ont intéressée.

Elle sourit. J'ai bon espoir.

– Je les ai lus avec beaucoup d'attention. Entrez !

Nous nous empressons d'obéir. C'est si rare d'entrer aussi vite ! Le mobilier est simple et sans prétention. L'intérieur est propre et bien tenu. Une vraie petite ménagère, me dis-je.

Une petite fille apparaît et, nous voyant, court se cacher derrière les jambes de sa mère.

– C'est ma petite Lyne.

– Bonjour, Lyne. Comment vas-tu ?

Zhora lui parle aussitôt. Pauline est visiblement touchée par la complicité entre les deux enfants.

Je prends le périodique *Réveillez-Vous !* à la page 10, « Quand le chômage aura disparu », et je commence à lire :

– « L'égoïsme et l'avidité de l'homme constituent la cause sous-jacente du chômage. » Comme le dit la Bible : « L'homme a dominé l'homme à son détriment. »

Pauline approuve le texte. J'enchaîne sur la situation mondiale de manière à pouvoir avancer nos arguments bibliques sur la prophétie de la fin des temps. Je saisis ma Bible. Matthieu, chapitre XIV : les signes des temps.

– La période que nous vivons actuellement est celle des temps de la fin.

Je poursuis avec un autre livre, *Vous pouvez vivre éternellement sur une terre qui deviendra un Paradis*.

– Ce dessin dépeint l'état du monde actuel : la guerre, un masque à gaz, une personne qui souffre dans un hôpital, un enfant qui se prend la tête entre les mains, un homme armé, un autre qui pointe un couteau sur la gorge d'une femme, un bambin victime de malnutrition…

Pauline accepte que je lui cède le document. Je lui propose une étude biblique hebdomadaire gratuite.

– Combien d'argent voulez-vous pour le livre ?

– Rien. Mais si vous désirez faire avancer l'œuvre du Royaume, vous pouvez laisser une contribution volontaire.

Elle va chercher son sac et me tend plus ou moins 18 francs , soit l'équivalent de 2 euros 50. Je lui demande quand elle veut nous revoir pour le début de son étude biblique.

Avant de partir, je lui donne deux autres périodiques. Je lui explique qu'ils présentent des articles abordant tous les domaines et j'attire son attention sur la page de couverture qui représente un tas de détritus abandonnés par l'homme. Je lui souhaite une bonne lecture.

Le jour du rendez-vous, je prie avec ma fille.

Les secondes s'écoulent après que la sonnette a retenti. Pauline est-elle là ? Elle sort avec Lyne de la maison voisine et se dirige vers nous. Nous prenons chacune notre Bible et nous demandons à Pauline de prendre la sienne.

– Mon mari désapprouve ma démarche. Il dit que je ferais mieux de faire le ménage ou de promener la petite plutôt que de porter de l'intérêt aux Témoins de Jéhovah.

Elle nous apprend que son mari ne l'a pas écoutée quand elle lui a expliqué que l'article sur le chômage donnait de bons conseils.

– C'est une situation normale. Au début de chaque étude, il est courant de rencontrer des oppositions dans ce choix. Satan sait que tu te diriges vers Dieu et utilise ton entourage pour t'en empêcher. Tu as choisi le chemin vers la vie éternelle qui t'a enfin permis de rencontrer les bonnes personnes.

Je démontre ensuite à Pauline que le désaccord de son mari est dans l'ordre logique des choses :

– Il existe des ennemis de la vie éternelle. Mais tu dois rester en accord avec ton mari. C'est indispensable pour une bonne chrétienne. Une femme soumise et obéissante a plus de chances d'amener son mari à la vérité et à la vie éternelle.

Je lui montre une image où l'on voit Jésus tenté par le Diable qui lui offre les richesses du monde en contrepartie d'un acte d'adoration.

– Tu dois résister à toutes les tentations que le monde nous apporte. Il faut rester fidèle et ne pas céder au Diable qui est le premier ennemi de la vie éternelle.

Je parle de notre interprétation de la tentation d'Adam et Ève. Je reviens sur les signes de la fin des temps et j'évoque à nouveau la prophétie. Nous, les Témoins de Jéhovah, nous nous efforçons d'être scrupuleusement informés et de respecter tout ce qui figure dans les Écritures.

Lyne vient s'asseoir sur mes genoux. Elle regarde les images du livre. Je reste une heure et demie chez Pauline. Au moment de prendre congé, j'embrasse la petite.

– Vous savez, je suis sensible aux problèmes du monde. J'ai personnellement un membre de ma famille atteint d'un cancer.

Il faudra qu'à la prochaine visite, je lui parle de la souffrance causée par la mort d'un proche. Je pense qu'elle se laissera facilement modeler.

À la différence d'un professeur qui encourage son élève à développer son esprit critique, je lui enseigne des idées toutes faites. Moi-même, je ne fais que répéter comme un automate ce qu'on m'a appris.

*

* *

Lors de ma visite suivante, je suis accompagnée par la femme du surveillant de circonscription. Pauline est rayonnante. La Sœur ne manque pas de la féliciter sur la propreté des lieux. Elle a certainement passé plusieurs heures à nettoyer sa maison pour cette visite spéciale.

Sur la table recouverte d'une jolie nappe se trouvent trois tasses de café bien chaud.

– Où en êtes-vous arrivée dans votre lecture ?

– Au chapitre IV : Qui est Dieu ?

Ce chapitre important doit démontrer que Dieu n'est pas trinitaire. Les versets s'enchaînent à vive allure. Pauline se montre attentive et habile dans son maniement de la Bible.

La Sœur l'invite à venir à la réunion du dimanche après-midi.

– Mon mari tiendra un discours qui vous intéressera certainement. Ce sera l'occasion de découvrir la Salle du Royaume. Vous constaterez que vous n'êtes pas la seule à étudier les Écritures et que nous sommes un groupe fervent et chaleureux.

Pauline hésite, mais accepte. Il suffit de convaincre son mari. Elle lui téléphone.

– Michèle viendra me chercher. Je ne resterai qu'une heure.

Il l'autorise à m'accompagner, mais une fois seulement.

– Je passerai à 13 heures 45. N'oublie pas de prendre ta Bible !

Le dimanche, je me rends chez Pauline à l'heure convenue.

– Mon mari est déjà parti, sans trop se soucier de savoir ce que j'allais faire exactement.

– Aujourd'hui, notre surveillant de circonscription présente un reportage sur le Béthel de Brooklyn, qui montre le travail fourni dans la maison mère.

J'espère de tout cœur que cette séance plaira à Pauline.

Le cantique commence. Pauline chante d'abord à mi-voix. Mais quand elle voit que tous reprennent les paroles avec ferveur, elle se lance.

Nous nous asseyons. Les persiennes sont fermées pour la projection de diapositives. Sur les photos, on aperçoit des gens prêcher, participer aux réunions dans la Salle du Royaume et se rendre au siège mondial des Témoins de Jéhovah. Les bureaux administratifs, les imprimeries, les ateliers de reliure et d'expédition défilent à grande vitesse. On voit encore les lieux de repas, les fermes où est élevé le bétail… Pauline est subjuguée. Le documentaire précise que les Frères de Brooklyn travaillent bénévolement, de toutes leurs forces et de toute leur âme, dans le seul but que nous puissions recevoir cette nourriture spirituelle partout dans le monde.

La séance continue et présente ensuite des images presque identiques au Brésil, au Canada, en Afrique du Sud, démontrant que l'Organisation a étendu son champ d'action dans le monde entier. Pauline semble fascinée par autant de grandeur.

Lors de la deuxième heure, nous devons répondre aux questions de *La Tour de Garde*. Le rythme est intense. Pauline a travaillé plus que ce que je ne pensais. Après cela, notre surveillant de circonscription prend la parole. En retraçant les événements de la semaine, il ne manque pas de souligner les problèmes liés à notre congrégation. C'est un texte bien préparé, censé nous encourager. Le Frère exige de nous encore plus d'efforts.

Pauline bâille. Elle n'est pas la seule. Un petit garçon s'impatiente bruyamment. Son père l'emmène de force hors de la salle, alors qu'il crie de plus belle.

– Qu'est-ce qui se passe ?

– Les enfants doivent obéissance à leurs parents et ne peuvent perturber le bon déroulement du discours du Frère. Il a certainement reçu une sacrée fessée.

Pauline écarquille les yeux.

– C'est le devoir des parents de discipliner leurs enfants. En grandissant, ils doivent être attentifs à la parole de Dieu durant les assemblées. Comme le dit la Bible, « la folie est attachée au cœur de l'enfant ; c'est la verge de la correction qui l'en éloignera » (Proverbes 22 : 15).

Nous entamons un nouveau cantique.

– Je pense que mon mari m'attend. Je dois partir.

– La réunion est presque terminée. Il ne reste que la prière de conclusion.

– Il faut vraiment que je m'en aille.

– Est-ce que ça t'a plu ?

– Oui, bien sûr. On en reparlera la prochaine fois.

Nous faisons comprendre à Pauline que ce serait bien de la revoir parmi nous et nous lui proposons de venir à la rencontre du mardi soir qui se tient habituellement chez l'un d'entre nous. C'est plus convivial, l'assemblée est moins nombreuse. Mais elle répond que ça ne l'intéresse pas pour le moment.

*

* *

J'aborde avec Pauline la question de l'idolâtrie : est-ce un besoin ? C'est un sujet délicat, mais capital pour la bonne suite de son intégration au sein de l'Organisation. Nous lui avons appris quel est le nom divin : « Jéhovah », l'unique nom qu'il faut adorer.

Je lui montre une image en noir et blanc découvrant une vieille femme qui prie face à un crucifix : « Convient-il d'adorer Dieu au moyen d'images ? »

« Question : De quoi certains se servent-ils pour adorer Dieu ?

Réponse : Il en est qui se servent d'images, qu'ils disent ne pas vénérer et qui, selon eux, les aident à adorer Dieu du fait qu'on peut ainsi les voir et les toucher.

Exemples : La statue de la Vierge, la représentation picturale de la Dernière Cène… Principalement des images religieuses, mais cela peut être aussi le drapeau d'un pays, un hymne national, une affiche électorale ou encore la photo d'un chanteur à la mode. »

– En temps voulu, tu te sentiras capable d'enlever le crucifix accroché au-dessus de la porte de ta cuisine. La croix qui orne ton cou représente un objet de torture. Est-ce qu'une mère qui perd son fils tué à la guerre porte un fusil à sa chaîne ? En plus, la croix n'existait pas au temps de Jésus. Il a été cloué sur un poteau.

Pauline me répond que c'est un bijou qui passe de mère en fille dans sa famille et qu'elle compte la donner à Lyne.

– Tu as le temps d'y réfléchir.

Ces artifices représentent des idoles. La Bible préconise de s'en abstenir.

Nous devons aussi lui faire comprendre que la Bible est une compilation d'épîtres transmises par Dieu à ses quarante fidèles. Nous pouvons parcourir la Bible autant de fois que nous le voulons, comme si nous relisions les lettres d'un être cher qui vit loin de nous.

Pauline est une élève assidue. Elle applique peu à peu les principes de Jéhovah dans sa vie de tous les jours. Elle célèbre la fête des Pères discrètement et commence à prendre ses distances avec sa famille.

Désormais, elle est présente de temps en temps à la réunion du mardi. Elle vient parfois le dimanche à la Salle du Royaume, accompagnée de sa petite Lyne, pour que, de son côté, son mari puisse continuer à participer aux matches de football avec ses copains.

Pauline entreprend une étude de livre avec une de ses sœurs, mais celle-ci n'est pas vraiment séduite par les écrits. Elle propose son aide dans les actes de volontariat à la Salle du Royaume : elle nous aide à laver le sol, à arroser les fleurs…

Je lui demande bientôt si elle se sent prête à présenter publiquement son premier devoir. Elle semble enchantée, mais m'avoue avoir peur de prendre la parole en public. Je la pousse à surmonter cette angoisse. Elle s'inscrit au programme et reçoit l'aval d'un Ancien, ravi de sa démarche.

Nous préparons le devoir ensemble pendant toute une journée.

– Ton introduction doit être claire, pour éveiller l'intérêt de ton auditoire. Les mots doivent être compris par tous, petits et grands. Tu dois aussi appuyer les versets avec une intonation ample. N'oublie pas que tu as seulement cinq minutes.

En plein milieu de sa présentation, Pauline, très nerveuse, est prise d'un fou rire. À tel point qu'elle est obligée de quitter le podium. Les Anciens me fusillent du regard et lui adressent une remarque cinglante. Depuis que j'ai refusé d'abandonner mon métier de photographe, ils ne manquent pas une occasion de rabaisser mes étudiants. Or, cela peut anéantir toute envie de continuer. Mais Pauline désire malgré tout aller plus loin. Elle me confie qu'elle aimerait faire ses premiers pas dans la prédication. Je décèle chez elle un profond désir d'annoncer la Bonne Nouvelle aux gens du monde.

– Jeudi, il y a une réunion spécifique pour la préparation au service du champ. Je te conduirai auprès du surveillant qui en est responsable.

La demande de Pauline est étudiée par les Anciens. À l'issue d'un entretien, Pauline reçoit bon nombre de félicitations. La rencontre s'est très bien déroulée. Ses fréquentes absences à la Salle du Royaume le dimanche sont excusées par le fait que son mari n'approuve pas sa nouvelle passion.

– Mais si tu commences le service du champ, tu ne peux rater aucune réunion dominicale. Il faut que tu montres à tous que tu as à cœur de venir parmi nous régulièrement.

Le jeudi, nous organisons la première prédication de Pauline. Je pense que je suis en train de gagner mon paradis pour revoir mes deux petites filles. En route, je sens Pauline affolée : un ami de son mari habite justement le quartier qui nous a été attribué.

– Ne t'inquiète pas. Tout ira bien.

– Je ne passerai pas devant la maison ! Sinon, j'aurai des problèmes avec mon mari. Il ne sait pas que je me suis lancée dans la prédication et, s'il venait à l'apprendre, ce serait terrible.

Elle contourne la bâtisse par l'arrière, à travers le bois. Mais cette précaution n'est pas suffisante. Informé par ses amis, le mari de Pauline ne veut plus qu'elle prêche. Pire, si elle franchit encore cet interdit, elle ne pourra plus assister aux réunions et devra arrêter son étude.

Nous encourageons Pauline à continuer en lui répétant que ce qu'elle fait est formidable et nous lui proposons de se joindre à nous pour l'assemblée du mois de juillet.

La conférence annuelle de district approche en effet à grands pas. Je parle à Pauline de cet événement capital. Je rassemble pas mal de documentation sur le sujet.

Je lui fais par exemple lire, dans le supplément du mois de janvier du *Réveillez-Vous !*, un article qui rapporte qu'en

1994, près de 34.000 Témoins de Jéhovah étaient présents et que 249 d'entre eux ont été baptisés.

Ce serait pour elle une belle occasion de rencontrer de nouveaux Frères et Sœurs récemment entrés dans l'Organisation. Je lui donne un maximum de détails sur l'ambiance : la présence de Frères étrangers, la traduction gestuelle pour sourds et malentendants, la possibilité de confier les enfants à une garderie, les innombrables livres exposés...

Pauline est d'accord de nous accompagner. Je lui conseille de porter, malgré les chaudes températures de l'été, une jupe qui descend sous les genoux ou une robe sans décolleté et peu de bijoux.

Sa participation à l'assemblée lui donne envie de se faire baptiser. Pauline est séduite par les discours énonçant les progrès de nos Frères et de nos Sœurs des circonscriptions voisines et tout l'amour et l'attention dont elle est l'objet. Ce qu'elle ignore, c'est qu'après le baptême, les adeptes sont moins adulés et se perdent dans le troupeau.

Pauline fréquente les réunions de plus en plus régulièrement. Nous décidons de l'inviter, avec sa petite famille, à manger chez nous un samedi soir. Ce sera une occasion de parler à son mari des bienfaits de l'Organisation.

Jean-Marie nous raconte des blagues « du cru Jéhovah »:

– Savez-vous que Jésus est entré à Jérusalem en voiture ? Oui, oui, la Bible le dit : Jésus est entré à Jérusalem en Triumph ! Ève était très bronzée.

La Bible l'affirme : elle venait de la Côte !

À la fin de la soirée, nous invitons Pauline et son mari à nous accompagner en Allemagne pour la visite du Béthel.

– La date de l'excursion est fixée au 11 novembre. Le prix des autocars est démocratique.

Ils acceptent.

*

* *

Le rendez-vous est fixé à la Salle du Royaume. Nous partons à 7 heures du matin. Durant le voyage, nous chantons des cantiques. Arrivés à Selters, nous sommes impressionnés par la taille de ce bâtiment moderne et luxueux. Dans le hall d'entrée du Béthel, le marbre étincelle de propreté. Les Béthélites, de jeunes Frères baptisés qui travaillent bénévolement nous attendent au comptoir. Ils jouent un rôle essentiel dans la production et la distribution des ouvrages. Leur service est qualifié de « privilège exceptionnel ».

La visite commence par le sous-sol où sont entreposés les publications, les documents audio, audiovisuels et informatiques.

– Tous ces ouvrages sont à votre disposition en échange d'une contribution volontaire dans le tronc que vous voyez là-bas.

La Salle du Royaume ressemble à une salle de spectacle.

Il y a même un espace réservé à l'orchestre pour l'interprétation des cantiques. Nous visitons les petits appartements où sont logés les Béthélites. Au sous-sol, les blanchisseries tournent à plein régime et le travail se déroule dans la bonne humeur. Les réserves des cuisines sont pleines à craquer.

Nous découvrons ensuite la salle des rotatives, qui est entièrement commandée par informatique. Le nombre de feuilles englouties en une seule minute est impressionnant. La reliure des ouvrages se fait dans un calme serein. Nous suivons le parcours des livres des entrepôts où ils sont entassés jusqu'aux hangars où ils sont chargés dans les camions. Tout est d'une propreté exemplaire. C'est presque trop beau pour être vrai !

Le Béthel a, bien sûr, une face cachée. Le temps accordé au repas est limité à 15 minutes. Ici, on peut être titulaire d'un diplôme de médecine et recevoir comme travail l'entretien des sols, simplement parce qu'on est une femme. L'arrivée d'un enfant dans un couple n'est pas bienvenue : elle empêche les parents de consacrer toute leur énergie au travail.

Au fil de la visite, les visages de Pauline et de son mari se décomposent. Ils s'écartent de nous pour discuter. Pendant le trajet de retour, ils nous interrogent :

– D'où vient tout cet argent ? Dans vos écrits, on demande de vivre simplement, sans artifice, et d'oublier le matérialisme.

– Que veux-tu dire ? N'es-tu pas épatée par tant de dévouement et de travail pour que la nourriture spirituelle soit distribuée ? Les Béthélites sont bénévoles. Ils sont seulement nourris et logés.

Un chant est lancé. Pauline détourne son regard, pose sa tête sur l'épaule de son mari et s'endort.

Le mardi suivant, Pauline m'explique qu'elle n'admet pas tout ce luxe et qu'elle ne comprend pas qu'on puisse dépenser autant d'argent pour publier ces livres alors que la misère règne un peu partout dans le monde. Elle ne veut plus continuer son étude.

Son mari lui a ouvert les yeux : les Témoins de Jéhovah sont des esclaves modernes qui servent une industrie bien huilée. Cette main-d'œuvre gratuite rapporte énormément d'argent aux dirigeants qui les exploitent.

Je n'abandonne pas : je glisse des périodiques dans la boîte aux lettres de Pauline et je me présente plusieurs fois de suite devant sa porte. Mais celle-ci restera fermée. Définitivement.

Chapitre VII

Le déclic

Chez les Témoins de Jéhovah, il n'existe pas de collectes, mais des dons anonymes, dits volontaires. Dans le fond de la Salle du Royaume se trouvent des petites boîtes de dons, avec chacune une fonction précise : don pour la rénovation des salles, don pour l'entretien de la salle, don pour les missionnaires, don pour les périodiques…

Je me souviens qu'enfant, Zhora avait mis deux francs dans une des urnes. Elle avait été si fière d'entendre, à la fin du mois, que le solde du compte se terminait par le chiffre 2.

Nous apportons régulièrement de l'argent dans le tronc destiné à l'entretien de la salle. C'est devenu systématique. Tous les mois, le surveillant président veille à ce que les comptes soient vérifiés. Cela fait partie du programme imposé par le double feuillet mensuel *Le Ministère du Royaume*. Quand les totaux sont divulgués, au premier jeudi du mois, les Anciens ajoutent souvent qu'il existe une possibilité d'ordre permanent au nom de l'association locale des Témoins de Jéhovah. Nous décidons de faire un versement mensuel de 250 francs, soit environ 37 euros.

Lorsque nous avons vendu la bergerie, nous avons fait un don « anonyme » de 8 300 francs, soit 1 240 euros, pour la construction de la Salle du Royaume. Quand ce don fut signalé publiquement, mon regard avait croisé celui de mon mari.

Notre congrégation cherche un terrain pour construire sa salle. À côté de notre nouvelle maison se trouvent les ruines d'un bâtiment détruit par un incendie.

– Nous pourrions l'acheter et donner le terrain aux Témoins de Jéhovah.

Jean-Marie et moi allons chez le notaire pour déposer une proposition d'achat. J'ai tellement envie d'offrir cet emplacement que je n'en dors pas de la nuit. Au petit-déjeuner, Jean-Marie me dit que si nous portons l'offre au prix demandé, il n'y aurait pas de risque d'une autre surenchère. Avec son accord, je pars tout de suite chez le notaire ajouter 18 500 francs à notre offre, pour être certains d'avoir la maison. Notre tactique fonctionne.

J'invite le Frère responsable de la congrégation à venir voir la demeure que nous voulons offrir à Jéhovah. Mais le don est refusé : l'infrastructure est jugée insuffisante pour le parking et le terrain est mal situé par rapport au territoire de prédication. Notre rêve s'écroule.

Je vais encore plus loin, le 8 juillet 1988, la veille de mon départ pour la Roumanie. Terrifiée par l'idée de prendre l'avion pour la première fois, j'écris mon testament :

Je, soussignée Michèle Saenen, épouse Bastin, déclare, pour le cas où mon mari me précéderait et que mes enfants issus de mon union avec lui seraient également décédés, léguer tous mes biens à ma mère, S. E. veuve S. A., avec legs *de residuo* à l'ASBL « Les Témoins de Jéhovah » de la congrégation de…

L'Organisation est passée au-dessus de Lucille, la première fille de Jean-Marie, de ma belle-mère et de mes deux belles-sœurs. Ce testament a été annulé depuis.

*

* *

Ma dépression s'est installée pour de bon. Tout va mal. Je me rends de moins en moins aux réunions de ma nouvelle congrégation. Je me sens seule. Armelle est en Allemagne, Zhora passe beaucoup de temps hors de la maison. Je n'arrive plus à me soumettre : je trouve insensé que nous, femmes Témoins de Jéhovah, devions nous taire sans jamais exprimer nos émotions. Je suis mal dans ma peau et fatiguée, mais je n'ai pas le droit de le dire.

Mon médecin de famille décide de me faire hospitaliser. Sur place, je me sens perdue et seule, même si Jean-Marie me visite très souvent. Il désire plus que tout que je guérisse.

Parmi les patients, je reconnais le fils de ma voisine.

Je parle enfin à une personne non convertie à Jéhovah, sans l'idée d'en faire l'un des nôtres. Un premier grand pas est franchi ! Je commence à dialoguer avec d'autres gens. Je les trouve finalement tous très gentils et d'une excellente qualité d'écoute.

Chez le psychiatre, qui tente de découvrir l'origine de mes angoisses, j'éclate en colère plusieurs fois et je fonds littéralement en larmes. La nuit, quand le sommeil ne vient pas, je me lève et je vais parler aux infirmières. L'une d'elles écoute l'histoire du décès de mes enfants. Elle me donne un conseil :

– Allez leur parler !

Cette proposition me choque.

– Sur leurs tombes ? Mes deux petites filles sont endormies sous terre, il n'est pas question que j'aille leur parler.

Ne plus avoir l'obligation de préparer les réunions, de faire du porte-à-porte et de lire les périodiques me libère la tête. Je ne pense plus aux enseignements de Jéhovah. Je prends du recul. Je suis en train d'émerger d'un très long sommeil.

La date anniversaire de la mort de mes filles approche. Le 27 octobre, je pleure comme jamais. Je m'effondre dans les bras des infirmières. J'apparais à mon psychiatre tel un zombie :

– Que pouvons-nous faire pour vous aider ?

– Je voudrais une autorisation spéciale le week-end

prochain pour voir ma famille et sortir en sa compagnie.

Nous marchons ensemble dans la ville.

– Il faut absolument que je vous parle. Ne me jugez pas. Ne m'en tenez pas rigueur. Je n'ai pas fait exprès d'avoir cet accident. J'aimais vos petites sœurs. Je vous en prie, comprenez-moi !

Je vivais avec cette lourde culpabilité depuis dix-sept ans. Arrimée à la souffrance du deuil de mes deux petites princesses, je ne parvenais pas à avancer.

– Vous allez bientôt quitter l'hôpital. Je pense que vous ne reviendrez pas : vous êtes sur la voie de la guérison. Mais il reste encore certaines choses à régler. À la prochaine consultation, je veux que vous me disiez avoir pris des dispositions concernant votre maman. Je souhaite qu'elle n'habite plus à côté de chez vous. Il faut que vous lui trouviez une maison de repos où elle puisse vivre en paix. Et cela, dans l'intérêt de votre famille et de votre bien-être à vous.

Quel choc pour moi d'entendre cela ! Comment puis-je le demander à ma mère ? Comment va-t-elle réagir ? Je visite plusieurs homes. Ce n'est pas une tâche très agréable. J'opte pour un établissement où le personnel médical tente de préserver une ambiance familiale. Je me dois, à présent, d'avertir Maman. Mon amie Élisabeth m'accompagne.

– Maman, j'ai quelque chose de très difficile à te dire. Mon médecin m'a ordonné de prendre de la distance avec toi…

Elle ne comprend pas. Élisabeth enchaîne alors :

– Ninie, il faut que tu ailles en maison de repos. Tu ne peux plus habiter à côté de chez Michèle.

Le visage de ma mère se transforme.

– Comment est-ce possible ? Après tout ce que j'ai fait pour toi !

Je reste ferme et calme.

– Une seule maison de retraite accepte ton chat. Tu auras tous les soins nécessaires. De plus, ce n'est pas bien loin de chez moi et j'irai te voir très souvent. Nous irons la visiter demain.

Je lui dis que ma santé est à présent entre ses mains et que son éloignement me fera de la peine, mais qu'il est temps de couper le cordon ombilical et que chacune dispose de son propre espace. Lors de la visite, elle trouve les lieux à son goût. C'est pour moi un soulagement total.

Le psychiatre, que je continue de voir tous les jeudis après-midi, est très satisfait de la nouvelle.

– Pour la prochaine fois, je voudrais que vous écriviez une lettre à votre père dans laquelle vous exprimerez tous les reproches que vous avez à lui faire.

Lors de la séance suivante, nous lisons ensemble la lettre.

– Et maintenant, brûlez ce papier ou enterrez-le afin d'effacer de votre esprit tous les reproches adressés à votre papa.

Ce geste symbolique allait m'aider à faire la paix avec mon père. Comme si, en enflammant cette lettre, ma rancune était partie en fumée.

*

* *

Le papillon sort enfin de la chrysalide. Il est très fatigué, il se repose. Après une heure, ses ailes ont pris leur forme normale. Au bout de deux heures, elles sont complètement sèches. Prêt à s'envoler, le papillon devra faire face à de nombreux obstacles et prédateurs, mais il sera une fleur vivante pour tous les regards.

Des portes s'entrouvrent dans ma tête. Lors de ma thérapie, j'ai pleuré mes deux enfants disparus, j'ai exprimé mon amertume de petite fille et j'ai compris mes souffrances passées. Mais un élément échappe encore à mon psychiatre : la manipulation mentale, exercée pendant tant d'années sur ma personne et sur tous les membres de ma famille par les Témoins de Jéhovah. Puni pour avoir défendu ma passion pour la photographie, Jean-Marie ne peut plus monter sur le podium pour la lecture et la prière. Nous sommes qualifiés de « faibles » et les autres nous évitent. Dire que l'Organisation prône l'amour entre les disciples !

À mes yeux, l'essence même du mouvement n'a plus de sens et je prends du recul par rapport à mes « obligations religieuses ».

Mais pour sortir de ce genre de communauté, il faut souffrir.

*

* *

Nous sommes invités à un anniversaire de mariage. « L'affaire Marc Dutroux » vient d'éclater et, à l'apéritif, la discussion est très animée sur cet homme qui a séquestré et tué deux fillettes, Julie et Mélissa. Ce fait-divers me touche beaucoup.

Quelqu'un demande :

– Vous avez lu des articles à ce sujet ?

Le Président de la congrégation le prie de se taire immédiatement.

Le lendemain matin, je descends à la librairie et j'achète le magazine en question. Je suis frappée par les photographies : le visage barbu de Marc Dutroux, celui de Sabine, la jeune fille sauvée *in extremis* et celui d'un curé condamné pour des faits de pédophilie. Entre ces illustrations, il y a une colonne surmontée d'un titre en caractères rouges qui contient ces mots « Témoin de Jéhovah ».

Une fillette de neuf ans, membre de l'Organisation, a été abusée par un Témoin de Jéhovah. Elle s'est confiée à sa maman qui en a discuté avec les Anciens. Les faits sont accablants : en fouillant le domicile du violeur, on a notamment trouvé des centaines de clichés pornographiques d'enfants, ainsi que plusieurs cassettes. La congrégation a décidé de juger l'homme au tribunal interne. Les Anciens ont classé l'histoire sans suite. La mère a abandonné l'idée d'entamer un vrai procès car la règle veut que l'on n'attaque pas ses Frères en justice. La petite doit pardonner à son agresseur qui prétend regretter son geste et jure de ne jamais recommencer.

Je reçois cette nouvelle comme une paire de gifles. Je suis révoltée, envahie par le dégoût et la colère. Comment une chose pareille est-elle possible dans une communauté où chaque Frère se dit aimant pour l'autre ? Dans quelles conditions cette petite fille abordera-t-elle sa vie affective ? Et comment sa mère a-t-elle pu renoncer à porter plainte ?

Je cours rejoindre Jean-Marie et je lui montre l'article. À la fin de sa lecture, il est tout pâle. Je jette violemment le magazine par terre.

– Enfin, qu'est-ce qui te prend ?

– C'est terrible ! C'est honteux ! Tu te rends compte ? Je ne pouvais pas imaginer que cela puisse se produire au sein de l'Organisation !

Jean-Marie est secoué. Il me confie qu'il a vécu une expérience semblable : enfant, il a été victime de tentative d'abus de la part d'un prêtre.

– Quand je le voyais, je voulais lui casser la figure. Mais je devais me taire et garder le poing serré dans ma poche parce que je ne pouvais pas salir le nom de Dieu.

Je souffre de voir mon mari aux prises avec ces douloureux souvenirs.

– Je ne veux plus appartenir à cette communauté !

Le monde s'écroule autour de moi. Les retrouvailles avec Gabrielle et Jaël dans le monde nouveau deviennent utopiques.

*

* *

Environ deux fois par semaine, je rends visite à ma cousine Christiane, qui est kinésithérapeute. Cela me fait du bien de la voir. C'est encore un interdit que je transgresse : avec elle, j'utilise la technique de la visualisation mentale.

– Comment vas-tu ?

– Pas très bien…

Elle est la première personne à qui je me confie au sujet de l'article du magazine sur la fillette abusée par un Témoin de Jéhovah.

Christiane me prie de m'installer confortablement pour atteindre un état de détente maximale. Je commence à visualiser un paysage. Je marche sur un sentier encadré de clôtures que je dois enlever, une à une, et brûler. Les barrières représentent mes limites. Cet exercice demande beaucoup de concentration. Je remonte un ruisseau jusqu'à sa source. Je dois à présent me déshabiller, enflammer mes vêtements et boire l'eau de la source. Je suis dans un pré, plus petite que les fleurs. À chaque fleur, je décris une nouvelle musique. Un bourdon vient se poser sur une campanule.

– Michèle, tu as parlé d'un bourdon. Cet insecte représente un problème sexuel lié à ton enfance.

Soudain, le souvenir enfoui en moi ressurgit : un ouvrier de l'usine où travaillaient mes parents a abusé de moi par des attouchements quand j'avais neuf ans.

Maintenant, je comprends mieux cette révolte après la lecture de l'article ! Il faut que je vive avec cette ancienne souffrance.

Cette révélation me fait ouvrir les yeux sur le monde nouveau qu'on m'a promis et les règles que je dois suivre scrupuleusement à chaque instant.

À partir de ce déclic, je tiendrai un agenda où je noterai mes sorties, mes rencontres et mes rendez-vous. Cette maîtrise du temps va m'aider à me construire une deuxième vie.

*
* *

Je contacte Armelle. Je ne lui cache rien : mes absences répétées aux réunions, la lecture de l'article de presse. Elle ne réagit pas comme je l'espérais : elle me rappelle que je dois continuer à renforcer le lien qui m'unit à Jéhovah et que Jean-Marie et moi devons mettre un terme à nos faiblesses.

Ma fille nous rejoint pendant les vacances de carnaval.

La veille de notre départ pour Disneyland Paris, alors que Jean-Marie et Zhora sont déjà couchés, une dispute éclate entre nous dans la cuisine. Armelle hurle qu'il faut que je reste attachée aux raisonnements de Jéhovah.

Je comprends que Jéhovah sera, pour longtemps encore, le but le plus important de sa vie. Mais ma décision sera ferme et définitive malgré ses supplications.

Aucun des membres de la communauté ne s'inquiète de notre sort. Nous ne recevons ni appels téléphoniques ni invitations. Plus de préparations de réunions, plus de lectures de périodiques, plus de prières : le vide laissé par toutes ces activités est démesuré.

Pour combler ce manque, je me rends à une soirée blues qu'une amie m'a renseignée. Je ne bois que de l'eau. Envahie par la musique, je ne peux m'empêcher de remuer sur ma chaise. Autour de moi, les gens battent le tempo du pied, frappent dans leurs mains. La voix de la chanteuse m'emporte loin de mes soucis. Je retrouve mes vingt ans.

Un homme s'approche :

– Vous aimez le blues, ça se voit à votre façon de bouger. Je tiens une boîte dans le coin, La Madelone. Je vous donne l'adresse. Venez la prochaine fois.

Quelque chose de nouveau entre dans ma vie. À quarante ans, je me réveille comme la Belle au bois dormant.

Chapitre VIII

J'accuse

« Messieurs les Témoins de Jéhovah,

Je vous accuse pour toutes ces années de dictature envers ma famille et moi, toutes ces années où vous nous avez bercés de faux espoirs, toutes ces années de souffrances.

Pendant vingt-trois ans, vous avez abusé de mes parents en les faisant marcher comme des ânes devant une carotte, en l'occurrence un soi-disant « Paradis » promis par Dieu. Quel Dieu ? En existe-t-il seulement un ?

Mes parents ont suivi vos règles en espérant retrouver leurs deux petites filles. Comment avez-vous pu profiter ainsi de la tristesse de deux malheureux parents ?

Ils ont fait tout leur possible pour être parfaits aux yeux de Dieu. Mais les yeux de Dieu ne sont-ils pas plutôt les vôtres ? Bien sûr, vous n'êtes pas les seuls coupables, car vous-mêmes êtes manipulés par des hommes qui sont encore plus dangereux que vous.

Il y a quelque temps encore, j'avais un profond respect pour vous, mais maintenant, vous n'êtes plus rien pour moi.

Je vous accuse de vous être mêlés de notre vie familiale et de nos pensées personnelles. Pour vous, nous devrions tous être des automates.

Je vous accuse d'avoir essayé d'empêcher Maman de faire de la photographie pour la seule raison qu'elle « immortalisait Babylone ». Pour elle, la photo est un médicament nécessaire. Il est vrai qu'en la privant de cela, vous la fragilisiez et aviez ainsi une plus grande possibilité de la diriger à votre manière.

Je vous accuse d'avoir traité mon père de matérialiste. S'il a investi tant de force dans ses travaux, c'est pour notre bonheur. Vous oubliez aussi que mes parents ont acheté une maison pour vous l'offrir, dans le but d'en faire une salle de réunion.

Je vous accuse aussi de ne pas m'avoir laissé vivre ma jeunesse. Comment peut-on priver ainsi une jeune fille de tous les plaisirs de la vie ?

Heureusement, nous avons retrouvé la vue.

Je ne veux absolument plus m'associer à vos mensonges. Je vous prie de bien vouloir me rayer de vos listes et nous laisser tranquilles une bonne fois pour toutes.

Je plains tous les adeptes qui font encore partie de votre mouvement et j'espère de tout cœur qu'eux aussi ouvriront les yeux !

Je ne vous saluerai certainement pas, ni cordialement ni fraternellement, mais je vous dis plutôt à tout jamais.

Adieu.

Zhora »

*

* *

Zhora a 17 ans. Elle vit à du deux cents à l'heure. Nous allons célébrer pour la première fois son anniversaire. Nous lui avons réservé une surprise au restaurant. Ma fille est loin de se douter de ce qui l'attend.

La lumière s'éteint.

– Qu'est-ce qui se passe, Maman ?

Sur le fond musical de circonstance, un serveur s'avance avec un gâteau surmonté de bougies scintillantes. Lorsqu'il s'approche de nous, Zhora comprend que la pâtisserie lui est destinée. Prise de panique, elle est prête à se jeter sous la table.

– Qu'est-ce qui te prend ? Ce gâteau, c'est pour toi ! C'est ta surprise !

Elle est pétrifiée. Mais quand les applaudissements retentissent, elle se détend et ses joues retrouvent leurs couleurs.

Nous fêtons aussi pour la première fois l'anniversaire de

Maman, qui a également quitté volontairement les Témoins de Jéhovah. Elle a soixante-quinze ans. Elle va pouvoir vivre pleinement ses dernières années… Je la couvre de bijoux. Je sais qu'il n'y a pas de mère parfaite et qu'elle s'est battue de son mieux pour mon bien-être.

Pendant la fête, je pense à ma grande fille absente, qui est encore enfermée là-dedans. J'ai peur qu'elle ne rompe définitivement ses liens avec nous. Ouvrira-t-elle un jour les yeux ? Et dans combien de temps ?

J'écris une lettre à Ruben, le meilleur ami d'Armelle, un garçon sensible et intelligent. Il a été exclu par les Témoins de Jéhovah à cause de son homosexualité : les hommes qui entretiennent des relations avec des personnes du même sexe se voient refuser l'accès au paradis. À l'époque, j'ai reçu un courrier de sa part où il m'expliquait qu'il comprenait que nous ne lui parlions plus.

Nous nous donnons rendez-vous le 3 avril 1997. Je retrouve un être épanoui, bien dans sa peau. Zhora et moi le bombardons de questions. Il nous confie qu'il a réussi à vivre son homosexualité au grand jour. C'est en acceptant sa différence qu'il est parvenu à rompre avec les règles de l'Organisation. Nous nous promettons de ne plus perdre contact. Je suis fière de l'homme qu'il est devenu.

À la Pentecôte, Armelle vient passer quelques jours chez nous avec des amis de sa congrégation allemande. Nous avons convenu que nous n'aborderions pas de questions spirituelles sous notre toit, mais nous ne les empêchons pas de faire leur prière avant le repas.

Une amie d'Armelle, d'une congrégation que nous avons fréquentée, lui rend visite à l'improviste, et discute à bâtons rompus avec ces jeunes béthélites. Mais Zhora en a assez d'entendre parler de cette « spiritualité ». Elle quitte la pièce. Je vais la retrouver. Armelle nous rejoint peu après. Voyant sa soeur excédée, elle réagit :

– Ils ont quand même le droit de parler de ce qu'ils veulent !

– Bien sûr. Mais tu oublies notre pacte. Je les hais !

Zhora fait allusion aux enseignements des Témoins de Jéhovah mais Armelle, piquée au vif, descend les escaliers quatre à quatre.

Néanmoins, les jeunes sont très sympathiques et, malgré cet épisode, leur séjour se déroule bien. Le jour de leur départ, ils nous remercient chacun à leur tour. Armelle laisse une enveloppe dans notre boîte aux lettres. Elle contient un petit mot de remerciement et un peu d'argent pour le défraiement des repas. De chez elle, elle nous téléphone pour nous exprimer sa reconnaissance encore une fois.

Après cela, nous ne recevons plus de nouvelles. Mes lettres restent sans réponse.

Je ne peux pas croire que ma fille m'abandonne. Mais les faits me le démontrent.

Je prends une nouvelle fois la plume pour écrire à Armelle :

« J'ai l'impression de m'être assoupie dans une barque qui

part à la dérive et que les personnes qui sont sur la berge, au lieu de me réveiller et de me tendre la main pour me sauver, donnent un coup de pied pour que la barque s'éloigne encore plus loin et que je me noie… Où est l'amour que Jésus nous a enseigné, où est le soutien attendu des bergers ? »

Je termine avec ces mots : « Reçois tout mon amour. Il vient du meilleur de moi-même.

Ta petite Maman. »

Toujours sans nouvelle d'Armelle, je décide d'aller lui rendre visite.

Quand je retrouve ma fille, je lui parle de ma nouvelle compréhension de la Bible, influencée par *Le Bon Berger*, un livre que m'a offert ma belle-sœur Colette et qui m'a bouleversée. Cette lecture a remis tout mon enseignement spirituel en question. « Le bon berger » agit avec tendresse et amour. Il rattrape en douceur ses brebis avec une houlette afin qu'elles n'atteignent pas des endroits escarpés. Tout le contraire de ce que font les Témoins de Jéhovah.

Je m'exprime à propos de Jésus avec fougue et ferveur, et je laisse percer la joie dans ma voix. Je ne me reconnais plus. Armelle m'écoute poliment. Elle se défend en me rappelant sa « vérité ». Elle me demande d'être prudente et de ne pas m'attacher essentiellement à Jésus. Je dois y voir un signe de Satan !

Le deuxième jour, j'accompagne Armelle à la réunion de sa congrégation. Dans la Salle du Royaume, je suis prise d'un malaise, que je tente de dissimuler. Pour faire plaisir à ma fille, je souligne sans me tromper les réponses aux questions de la *Tour de Garde* formulées par l'orateur. Mais je n'arrive pas à lever la main. Je ne me sens pas bien. Je ne suis plus à ma place dans ce lieu.

Lors d'une promenade, Armelle me confie ses difficultés relationnelles au travail. Son patron accepte difficilement son statut de Témoin de Jéhovah. Elle se sent continuellement harcelée. Elle aimerait vite trouver un autre emploi.

*

* *

La tension monte doucement entre Jean-Marie et moi. Nous ne sommes pas sur la même longueur d'onde par rapport à notre sortie de l'Organisation, nous évoluons à un rythme différent. Le cercle infernal des disputes conjugales commence. Jean-Marie rejette mes lectures et compare mes séances de relaxation chez la kinésithérapeute à du spiritisme. Je ne sais plus comment m'y prendre avec lui. J'ai peur de le perdre.

Pour notre anniversaire de mariage, nous avons réservé une chambre d'hôtel, à la campagne. À table, je ne mange rien : trop de larmes coulent. Je tiens à sauver mon couple, mais j'ignore quoi faire.

Un jour, Jean-Marie me dit qu'il ne m'aime plus.

Il envisage même de déménager dans le petit gîte à côté de la maison.

Je décide d'acheter une voiture, à son insu. Quand j'arrive avec ma petite Fiat blanche à la gare, je veux provoquer un électrochoc.

– Je me suis payé une auto pour être libre. Comme ça, je n'aurai plus à dépendre de toi.

Jean-Marie choisit enfin de consulter un médecin homéopathe. Je l'accompagne. Le docteur lui conseille d'entamer une thérapie. En l'écoutant, mon époux comprend peu à peu la mauvaise influence que les Témoins de Jéhovah ont eue sur lui.

Notre crise nous conduit chez Madame Laurent, psychologue et thérapeute du couple. À chaque séance, je suis la seule à parler. Jean-Marie reste silencieux. Après plusieurs rendez-vous, la psychothérapeute m'interrompt et demande à mon mari de prendre la parole. Au bout de dix effroyables minutes de silence, Jean-Marie se lève et part en claquant la porte. L'angoisse m'envahit. Je me dis que notre mariage ne vaut plus rien

– Vous êtes sur des voies parallèles. Quelque chose vous empêche de vous rejoindre. Mais gardez espoir.

Un soir, après avoir conduit Zhora à l'une de ses nombreuses soirées dansantes, je me rends une nouvelle fois à la boîte de blues. Sans Jean-Marie. Lors de ces sorties, je rayonne et quelques hommes essayent de me séduire. L'un d'eux vient s'asseoir près de moi. Nous discutons.

Il griffonne son adresse sur un bout de papier qu'il me tend. En le prenant, je me dis que je me suis engagée dans une mauvaise voie.

*
* *

Zhora a lu *L'Alchimiste* de Paulo Coelho pour un de ses cours. Elle insiste pour que je le lise moi aussi. Elle a raison : ce livre correspond tout à fait à ma quête de vérité et à mon envie d'arracher mes chaînes pour retrouver la liberté.

Moi aussi, je suis en perpétuelle recherche de quelque chose. J'ai toujours vécu dans la peur d'être rejetée, je doute de ma propre valeur, alors je cherche à paraître mieux que les autres. C'est ainsi que je dépasse mes limites. Mais à quel prix ! J'apparais comme une enfant blessée qui recherche l'amour, mais qui, en même temps, le craint. Il va falloir que j'apprenne maintenant à m'aimer. Je dois penser à moi sans oublier les autres, et penser aux autres sans m'oublier.

Ces quelques mots, je les écris dans une nouvelle lettre à Armelle, avec qui j'essaie de maintenir le contact. Je conclus par cette phrase tirée de *Vivre en harmonie avec soi et avec les autres*, un livre de Claudia Rainville, une psychothérapeute que j'ai rencontrée lors d'une conférence : « Hier n'est qu'un rêve, demain une réalité. Mais aujourd'hui bien vécu fait d'hier un souvenir du bonheur, et de demain une vision d'espoir. »

Jeannine, la sœur aînée de mon mari, me propose de rencontrer une pasteure. Je suis tout étonnée d'apprendre qu'une femme puisse endosser un tel rôle. Nous lisons des textes bibliques, je lui pose des questions sur la vie de Jésus, j'évoque l'amour que je donne aux autres et celui dont j'ai besoin en retour.

Voyant le désarroi de Jean-Marie, mon beau-frère lui offre un livre, *Victorieux par la grâce*, de Steve Marvay. Cette lecture lui apporte le soulagement et lui ôte sa culpabilité.

Plus tard, ma belle-sœur m'invite à fêter Pâques au culte protestant. J'assiste, dans le fond de la pièce, à toute la cérémonie, et, au moment de la communion, la femme pasteure me convie à les rejoindre. À pas timides, je me glisse dans ce cercle de croyants et je partage le pain du Seigneur. Je suis heureuse.

Pour citer Daniel Guichard, « ce n'est pas à Dieu que j'en veux, mais à ceux qui m'en ont parlé. »

*

* *

Deux serviteurs de circonscription viennent d'entrer chez moi, pour la dernière fois. Je me sens forte. Je prends ma Bible et je déjoue leurs arguments avec mes versets, les bons cette fois : Jésus, Marie-Madeleine, Marie, les lépreux que Jésus a soignés alors qu'on les traitait d'impurs, les pharisiens avec qui il a mangé, les foules affamées qu'il a nourries à maintes reprises… Mes deux « bergers » sont mis au pied du mur. Jean-Marie ne dit pas grand-chose, il se contente d'acquiescer. Après une heure de discussion, les deux serviteurs se lèvent.

– On t'attend demain à la réunion ?

– Non. Ni demain, ni plus tard. Plus jamais !

Ils ne répondent pas et sortent penauds, sans nous saluer.

Je suis sereine : j'ai gagné ! Pour la première fois, j'ai osé lancer un non catégorique aux Témoins de Jéhovah.

Quelques jours après, alors que Jean-Marie jardine et bricole dehors, j'aperçois par la porte vitrée de la cuisine deux Témoins de Jéhovah qui s'apprêtent à pousser la barrière de la maison. Ça alors ! Ils ont encore le culot de venir chez nous ! Ils serrent la main de mon mari. J'ordonne à Zhora de monter avec moi à l'étage. Je crains ma réaction si je me retrouvais face à eux : je suis capable du pire.

De la fenêtre, je les vois qui discutent. Ils semblent calmes. Mais je sais que les Anciens sont rusés. N'y tenant plus, je descends les escaliers quatre à quatre.

– Arrêtez de nous prendre pour des idiots ! Foutez le camp ! Vous vous êtes assez moqués de nous !

Ils prennent peur et s'en vont.

– Pourquoi leur as-tu serré la main ?

– Tu n'as pas entendu notre conversation. Je leur ai demandé de partir.

Jean-Marie a lui aussi eu son déclic.

Le lendemain matin, je me rends à la gendarmerie pour demander conseil.

– J'ai quitté les Témoins de Jéhovah, mais ils me harcèlent. Que pouvez-vous faire pour moi ? J'ai peur de ne plus savoir me contrôler.

Le commandant prend l'annuaire et téléphone à l'Ancien qui est passé chez nous hier.

– Bonjour. Vous êtes bien Témoin de Jéhovah ? Vous êtes le surveillant-président de la congrégation ? J'ai devant moi Madame Bastin. Je vous prie de ne plus l'importuner et d'arrêter vos incessantes visites. Vous avez compris ?

Le commandant obtient de l'Ancien la promesse de ne plus venir sonner à notre porte. Mais ils ne vont pas se préoccuper de ce petit avertissement oral : on ne leur a pas interdit de nous contacter par courrier.

Nous partons tous les trois quelques jours en Bretagne. La paix revient doucement dans notre couple et dans notre famille.

*

* *

Le 20 octobre 1997, Gabrielle aurait eu vingt ans. Je veux me rendre pour la première fois sur la sépulture de mes filles. Encore un interdit à franchir. Zhora m'accompagne. J'explique à la fleuriste que je n'ai jamais pu les pleurer parce que le culte des morts n'était pas autorisé pour moi.

Je choisis vingt roses blanches pour Gabrielle et dix-neuf roses jaunes pour Jaël.

Arrivée devant les tombes, je m'agenouille pour arracher les mauvaises herbes. Comme prise de folie, je leur crie que nous ne sommes plus Témoins de Jéhovah. Je leur avoue que je voulais venir depuis longtemps, mais qu'on m'en a empêchée pendant toutes ces années. Je leur confie mon amour, ma lutte permanente pour être un fidèle modèle, mes angoisses de les savoir dans le froid au plus fort de l'hiver et mon espérance perdue de les rencontrer dans le monde nouveau tant promis par la communauté. Je leur dis que je les aime et que j'espère les retrouver un jour, même si j'ignore où. Les images de l'accident me reviennent. Je me revois dans mon lit d'hôpital. C'est terrible de revivre cela.

Zhora assiste à la scène, le regard hagard. Elle ne parvient pas à trouver les mots pour me réconforter.

Le jour de la Toussaint, Zhora allume une bougie sur la tombe de Gabrielle et de Jaël. Elle a rempli une vasque de petits ours en peluche et de fleurs. Je pleure et j'implore leur pardon pour l'accident, dont je me sens encore, malgré tout, coupable.

– Je n'ai jamais voulu ce drame, je vous aime tant.

Quelques jours plus tard, alors que je fais mes courses dans un grand magasin, je ressens une sensation d'humidité au niveau de la taille : mon pantalon est ensanglanté. Je suis admise aux urgences. Je dois subir tout de suite une ablation de l'utérus, sinon je risque de développer un cancer dans les deux années à venir. De toute façon, à quarante-huit ans, je ne ferai plus d'enfants.

Je demande à l'anesthésiste de rayer de mon dossier la mention « Témoin de Jéhovah » et j'accepte d'être transfusée s'il y a lieu.

Après mon opération, je reçois une lettre d'Armelle qui me réconforte :

« Chers vous tous,

J'espère que vous vous portez bien. Je suis triste de ne pas avoir pu me déplacer pour voir Maman à l'hôpital. Comme vous le savez, les choses changent pas mal pour moi en ce moment. Ma nouvelle boîte organise principalement le dépannage d'automobilistes, pour quarante firmes différentes. Je suis assise devant un ordinateur avec un casque sur les oreilles et je prends les appels les uns après les autres en compagnie de dix autres collègues. Un Frère et une Sœur travaillent avec moi. Un quart du personnel est français, la chef du département est allemande et ma chef directe est belge. J'ai l'occasion de parler italien, anglais et français. L'ambiance au sein de l'équipe n'est pas mauvaise.

Je vous donnerai ma nouvelle adresse en Allemagne à partir du 24 novembre. Dans un premier temps, je n'aurai pas le téléphone.

J'espère venir vous voir le premier samedi du mois de décembre et avoir de vos nouvelles d'ici là.

Je vous embrasse.

Armelle »

Je suis inquiète de ne plus pouvoir contacter Armelle par téléphone depuis qu'elle a déménagé. Nous partons lui rendre visite sans pouvoir la prévenir. Elle est évidemment surprise de nous voir. Je la trouve fort seule, perdue parmi ses cartons. Elle n'a pas encore eu le temps de repeindre les murs. D'habitude, elle demande à Jean-Marie de l'aider pour la pose du papier peint.

J'ai glissé quelques billets dans une enveloppe en espérant qu'elle s'offrira un téléphone avec cet argent. Elle l'accepte en souriant.

La période des fêtes commence. Nous sommes invités chez nos amis Luc et Isa, qui ont une nouvelle particulière à nous apprendre. Ils ont eu la visite de deux Anciens de leur localité qui, sachant que nous étions amis intimes, leur ont demandé de ne plus nous fréquenter. Nous sommes exclus ! Grand silence.

– Si vous voulez, nous partons, nous ne vous le reprocherons pas.

– L'amitié, c'est plus important que cela. Restez !

À la Saint-Nicolas, je dois photographier les enfants lors d'une brocante. Jean-Marie revêt le costume rouge du grand saint et Zhora se déguise en père Fouettard.

Nous n'avons jamais décoré de sapin de Noël. Dans un magasin de bricolage, je remplis le caddie de boules scintillantes, de personnages en verre et de guirlandes lumineuses.

Après vingt-cinq ans de rupture, je décide de rendre visite à ma marraine. Je ne l'ai plus vue depuis le décès de Papa. Dans son village, je m'arrête pour acheter un gros bouquet de fleurs.

– Bonjour, Marraine.

– Quel bonheur de te revoir !

Je suis tellement contente de retrouver encore un membre de ma famille.

À la Saint-Sylvestre, nous célébrons les retrouvailles de Maman et de sa sœur. Après avoir reconduit Maman, nous allons danser dans une discothèque à la mode. Jean-Marie et moi ne connaissons aucune des chansons. Déboussolés, nous sortons de la piste de danse. Jean-Marie me dit qu'il se rend compte qu'il n'a plus suivi le Tour de France depuis son entrée dans l'Organisation.

Pendant toutes ces années, nous étions vraiment coupés du monde.

Chapitre ix

Témoignages

Je regarde de temps en temps les débats télévisés, ce que je ne pouvais pas faire auparavant. Un documentaire regroupe des témoignages d'anciens Témoins de Jéhovah, exclus d'une congrégation allemande. J'écoute leur souffrance. Les images me replongent dans ces engrenages que je ne connais que trop bien.

Je me dis que je dois moi aussi faire quelque chose : je devrais témoigner pour montrer qu'on peut en sortir. J'ai un message à laisser.

Je prends la plume et je rédige quatre pages que j'envoie à une journaliste d'un magazine féminin. Le temps est venu de construire quelque chose.

Quelle joie lorsqu'une de mes voisines me téléphone un soir pour m'apprendre la nouvelle :

– On parle de toi dans la presse !

Virginie, une amie de Zhora, m'incite à aller témoigner dans une classe de lycée. J'accepte sa proposition. Dans cette classe de français, les questions sont nombreuses sur mon emploi du temps dans l'Organisation, sur les conséquences de ma rupture avec celle-ci, sur le comportement à adopter avec un jeune Témoin de Jéhovah… L'échange est très riche, à tel point que le professeur me demande de prolonger mon exposé par un débat. Je suis surprise de l'intérêt suscité par les dérives de ce mouvement.

Grâce à mon histoire, les élèves ont pu trouver des réponses afin d'éviter de tomber dans les mêmes pièges que moi. Ces deux heures de prévention changeront peut-être leur vie…

L'université du troisième âge organise un colloque pas très loin de chez moi avec la participation de Julia Nyssen, une juriste, qui deviendra bientôt une amie de la famille. Le thème de son intervention : les organisations que certains qualifient de sectes. La classe de Zhora assiste au débat. Après la conférence, plusieurs personnes viennent me trouver pour me poser d'innombrables questions.

*

* *

Je pars voir Armelle avec ma petite Fiat. Nous passons un très beau moment ensemble. Nous écoutons Nina Simone dans le salon et puis nous nous rendons à Francfort pour le concert de Patricia Kaas. Quand la chanteuse entame « J'ai peur de tout », je chante, en pleurant, ces paroles qui décrivent si bien ma vie actuelle.

Au retour, le comportement d'Armelle change. Elle marche deux mètres devant moi. A-t-elle peur de rencontrer quelqu'un en ma compagnie ? Chacune va dormir de son côté, sans un mot. À mon réveil, ma fille m'attend avec un petit-déjeuner copieux.

– J'ai quelque chose à te dire, Maman.

Elle sort de sa poche un papier où sont griffonnées des phrases et commence à lire un texte qui n'est certainement pas de sa main :

– Depuis quelque temps, vos ex-coreligionnaires ne vous saluent plus et vous vous étonnez. Pourquoi ? Vous n'avez pas été mis au courant de votre exclusion. J'ai cherché la raison pour laquelle rien ne vous a été communiqué. Org…, p. 49, p.1: « […] En revanche, envers celui qui se retire volontairement en reniant la foi et en abandonnant délibérément le culte de Jéhovah, on adoptera la même attitude qu'envers l'exclu […]. »

La célébration de Saint-Nicolas, la fête de Noël chez Christiane, l'article paru dans la presse : toutes ces actions montrent que vous avez à présent des objectifs opposés à l'enseignement de la Bible.

Je suis sous le choc. Ce que je redoutais tant est arrivé. Je tente de rétablir la conversation, mais ma fille ne me donne pour seule réponse que ses cris.

– Maman, tu ne viendras plus chez moi. C'est fini. Tu dois partir maintenant.

Elle me tourne le dos et commence à ranger la pièce.

– Mais, enfin, Armelle, sais-tu que certains les considèrent comme une secte !

Silence. C'est ce qu'il ne fallait surtout pas dire. Je viens de fermer la porte du dialogue avec ma fille. Je prends ma valise et je descends l'escalier, en larmes, complètement désespérée.

Elle me laisse néanmoins la conduire à la gare, car elle doit effectuer un déplacement. Au distributeur automatique de billets, visiblement chamboulée par ce qui vient de se passer, elle ne parvient pas à composer son code. Assise sur un banc, en pleurs, je lui dis encore une fois mon amour. Elle marche, s'assied, se relève et marche à nouveau. Finalement, son train entre en gare et elle y grimpe, sans un regard pour moi. Je n'ai même pas pu la serrer dans mes bras pour lui dire au revoir. « Ils » ont gagné. Ma fille me rejette, au nom de la Règle. Un séisme vient de se produire, pour moi comme pour elle.

*

* *

Zhora récolte des articles de presse pour son travail de fin d'études en anglais. Je les consulte et mon intérêt se porte sur un texte écrit par Jean-Claude Maes, un psychologue spécialiste de la question des victimes de ce type d'organisations religieuses. Je prends contact avec lui et il accepte de nous recevoir en consultation exceptionnelle dans son cabinet. Ce sera notre première thérapie familiale.

Dans le bureau, c'est la cacophonie la plus totale : Jean-Marie parle d'aide aux victimes, moi, de la prévention, et Zhora raconte notre vécu. Le thérapeute reste calme et attentif. Enfin, nous sommes écoutés. Nous repartons avec plusieurs documents et une première leçon à retenir : ne pas culpabiliser.

Nous avons rendez-vous avec Julia Nyssens. Je suis tellement nerveuse aux côtés de mon mari qui conduit que je n'arrive plus à lire le plan de la ville. Zhora prend le relais. Avec Julia, nous apprenons plusieurs choses. D'abord, ce qu'il s'est passé avec Armelle n'est pas de notre faute. Nous ne devons pas à tout prix la convaincre de quitter l'Organisation. Deuxième leçon : Armelle est une victime, certes, mais, c'est avant tout une jeune femme dotée d'une double personnalité : le moi « famille » et le moi « mouvement religieux ». Même si sa communauté rejette notre nouveau mode de vie, nous devons essayer de conserver notre lien de sang. Troisième leçon : nous devons parler autant que possible avec Armelle des bons moments partagés en famille. Quatrième leçon : il faut établir des limites. Par exemple, ne plus lui donner de l'argent qui finira par alimenter le tronc de la salle du royaume et ne jamais lui faire la morale puisqu'elle pense être plus vertueuse que nous.

Nous devons nous occuper de nous en priorité. Notre vie doit continuer. Jean-Marie, Zhora et moi passerons par des étapes difficiles pour guérir de nos blessures. Heureusement, nous acceptons l'aide de professionnels.

L'idée d'écrire un livre sur mon expérience commence à germer dans mon esprit. J'espère que, par le biais de ce témoignage, ma fille se rendra compte de l'évolution de son comportement envers nous. Ce sera peut-être son déclic. Je me fais aussi la promesse de monter une association d'aide aux victimes de ce genre de communautés. J'écouterai et j'informerai toute personne qui me contactera.

Je participe à une journée de conférences sur ce type de groupes religieux. Ma cousine Christiane m'accompagne. Je ne me sens pas encore prête à entendre seule les discours de spécialistes sur la manipulation mentale.

Avec Zhora et Christiane, je vais également à « L'Atelier du Jeudi » sur le thème « Sectes et associations ». J'y apprends beaucoup de choses. Un parlementaire qui a présidé les travaux de la commission d'enquête parlementaire sur les sectes, prend la parole. Jean-Claude Maes, Julia Nyssen, le journaliste Philippe Allard et Siggy Davreux, un assistant social qui fait partie d'un centre d'étude sur les sectes, se succèdent devant l'auditoire.

L'après-midi, j'interviens à mon tour. Sous le coup de l'émotion, je suis incapable de me souvenir de ce que j'ai dit, mais j'ai parlé avec mon cœur et l'assemblée a chaleureusement applaudi. Je retourne m'asseoir, toute tremblante, la bouche sèche. Zhora se charge de me résumer mon discours. Je suis rassurée, mais encore assommée par ce témoignage devant autant de personnalités différentes. C'était en quelque sorte mon baptême de retrait.

*

* *

Zhora entame des études supérieures pour devenir institutrice, une chose presque impossible si elle était restée Témoin de Jéhovah. Comment ne pas participer avec les élèves aux fêtes des Mères, des Pères, de Saint-Nicolas, de Noël, partout au programme ?

Surprise : nous recevons une visite d'Armelle. Alors qu'elle m'interdisait peu de temps auparavant de la voir chez elle, elle est là, près de moi, contre toute attente. Ce soir-là, Jean-Marie prend part à un dîner avec des collègues et Zhora sort danser. J'emmène Armelle dans mon club de jazz, La Madelone, où il y a justement un concert. Je me réjouis de lui faire découvrir ce lieu qui me plaît tant. À son arrivée, elle est mal à l'aise. Elle refuse de prendre une boisson. Je remarque qu'elle dévisage les gens. Regarde-t-elle si des Témoins sont présents ? Il n'y en a pas. Au fil de la soirée, elle se décontracte. Nous applaudissons l'orchestre et nous chantons. À la sortie, j'achète l'affiche du concert.

Je peux encore aujourd'hui la contempler depuis mon lit.

Un beau matin, j'entends à la radio que les résultats de la Commission parlementaire sont publiés. Je téléphone aussitôt à Julia Nyssens.

– As-tu écouté le journal ? Les travaux de la commission ont abouti.

– Je n'ai pas eu le temps d'y prêter attention ! Acceptes-tu de témoigner au journal télévisé ? Ils souhaiteraient avoir une personne qui peut confirmer le besoin d'informations sur les problèmes engendrés par les sectes.

– Pourquoi pas ?

Une demi-heure plus tard, le rendez-vous est fixé. Dans l'effervescence, je rédige en quelques mots le ressenti de ces vingt-trois années dans l'Organisation. Zhora m'accompagne. En attendant l'interview, nous marchons dans un parc non loin des studios. Il fait très beau.

Pendant l'entretien, je tiens dans mes mains quelques notes sur lesquelles je jette un œil de temps en temps.

– Comme quelqu'un qui devient dépendant de l'alcool ou de la drogue, je trouvais en eux ce dont j'avais besoin. Mais je ne me rendais pas compte de cette dépendance. Si j'avais eu des renseignements sur les manipulations au sein de ces mouvements et un descriptif de la vie d'une communauté, je crois que cela m'aurait fait réfléchir.

À l'époque, il me semblait que les Témoins de Jéhovah représentaient une « religion inconnue ».

J'insiste aussi sur le fait qu'il devient urgent de créer un centre d'informations.

L'interview terminée, nous reprenons la route.

Nous apprenons que Marc Dutroux vient de s'évader de prison. La séquence enregistrée ne passera pas dans l'édition de ce soir, mais le samedi suivant, au journal télévisé de 12 heures 45.

Je savais que ces quelques minutes diffusées feraient trembler notre ancienne Salle du Royaume et peut-être même l'Organisation tout entière. Qu'allaient-ils raconter à Armelle ? Je lui avais adressé un courrier où je donnais de nos nouvelles et où j'évoquais surtout notre intervention télévisée :

« Par ce témoignage, nous avons voulu faire la déclaration publique de notre changement de vie, un peu comme un baptême. Il est certain que, si le reportage est diffusé, tu en seras très vite informée et, cette fois, je ne veux pas que tu sois prise au dépourvu. Je veux te répéter ici tout l'amour que j'ai pour toi. En parlant ouvertement de mon vécu, je souhaite tout simplement prendre position. Franchise et honnêteté ne récoltent pas toujours l'approbation, je le sais, mais portent leurs fruits à plus ou moins longue échéance. Pour le respect de soi-même, il faut parfois affronter le qu'en-dira-t-on. »

Je ne dois pas attendre trop longtemps la réaction de ma fille. En rentrant d'une réunion où les bases de notre future association sont jetées, je la retrouve en train de déménager les ouvrages des Témoins de Jéhovah de ma maison à sa voiture.

J'ai mon appareil photo sur moi. Armelle prend le chaton que sa sœur vient de recevoir et me regarde tristement :

– Maman, si tu veux faire une dernière photo de moi, c'est maintenant ou jamais !

Ce portrait est toujours dans mon portefeuille. Je l'ai agrandi pour le mettre dans le salon.

*

* *

Une fois par semaine, je compose le numéro de téléphone d'Armelle. Je sais qu'elle ne décrochera pas, mais au moins je peux entendre sa voix sur la messagerie. C'est tout ce qui me reste d'elle. Je lui laisse des mots d'amour, mais ils demeurent sans réponse.

Cette fois, je n'obtiens pas le message du répondeur. Que se passe-t-il encore ? Ce silence me plonge dans l'angoisse, j'imagine déjà les pires scénarios. Si un accident se produisait et qu'elle ait besoin d'une transfusion sanguine, je ne pourrais même pas intervenir pour sauver mon enfant. Les Témoins de Jéhovah ne me préviendraient pas s'il lui arrivait un malheur. Devant ce triste constat, je contacte la directrice de l'entreprise où travaille Armelle. Je lui demande de m'avertir s'il se passait quelque chose de grave.

La directrice comprend bien ma situation et m'apprend que ma fille va quitter bientôt son travail pour reprendre des études.

L'espoir renaît en moi.

Le 21 mai, je reçois un fax d'Armelle :

« Je suis à la fois en colère et déçue. J'ai peur aussi, car la haine que tu éprouves est meurtrière. Je ne comprends pas ta réaction agressive, et je ne suis pas la seule, car tu es quelqu'un qui a toujours fait de son mieux pour favoriser la paix. Dans tes appels contre les Témoins de Jéhovah, tu condamnes cinq millions de personnes alors que dix à peine t'ont déçue sur le plan personnel.

Demain, je passerai reprendre mon chat. Je ne viendrai pas passer la semaine prévue en juillet. Vous pouvez trouver cela radical. En tout cas, sachez que je suis profondément triste. Ma joie, tout comme la vôtre, a disparu.

Maman, était ce bien nécessaire ? »

Ce fax ne m'empêchera pas de continuer à lui décrire notre quotidien dans mes lettres et à lui laisser des messages sur son répondeur.

Aux yeux des Témoins de Jéhovah, nous sommes devenus des apostats, d'anciens adeptes qui découvrent peu à peu comment ils ont été trompés et qui en parlent par l'intermédiaire des médias. Ils ont peur que, grâce à nos témoignages dans la presse, d'autres Témoins sortent de l'Organisation. Un de leurs périodiques montre une femme qui reçoit un courrier du facteur et qui jette la lettre à la poubelle sans l'avoir ouverte : « Il ne faut pas lire le courrier des apostats ! »

Les Anciens manipulent notre fille pour mieux nous exclure de sa vie. Armelle a reçu des instructions précises. On lui a certainement expliqué que, si elle continuait de nous voir, jamais elle ne retrouverait ses deux petites sœurs dans le paradis, et que le fait de fréquenter des Témoins qui se sont retirés volontairement est pire que de parler à des exclus. Elle qui était parvenue à concilier ses convictions personnelles et ses relations familiales s'interdit maintenant d'avoir le moindre contact avec nous. Dire que je pensais que notre amour était plus fort que la communauté.

Un échange de courriers sur un ton parfois musclé commence alors entre notre avocat et la direction des Témoins de Jéhovah. Notre conseil fait état de notre surprise quant à l'information de notre exclusion de la communauté dans le courant du mois de décembre 1997. Cette attitude est agressive et diffamatoire. Aucune convocation par écrit ne nous a jamais été adressée et nous n'avons jamais été entendus. L'Organisation a utilisé notre lettre de retrait de la congrégation locale comme outil de notre radiation.

Je sais que notre participation à plusieurs événements festifs interdits leur a été rapportée. Toujours la délation ! Au sein de la Résistance, pendant la guerre, mon père aussi a connu cette pratique peu fraternelle. Le « rapport » de nos actions en dehors de l'Organisation a accéléré le processus d'exclusion. Une attitude si intolérante et contraire à l'esprit « chrétien » dont ils se revendiquent me révolte. Dorénavant, avec le soutien de notre avocat, notre combat sera sans relâche.

Le 1er septembre, Zhora reçoit une carte de sa sœur, envoyée de ses vacances en Irlande. Armelle l'encourage dans ses études et la félicite pour sa détermination et sa volonté. Elle décrit sa vie difficile en disant qu'« elle pense à nous » et qu'« elle est éteinte ». Cette carte nous émeut tous. J'aimerais tellement la soutenir et l'aider dans sa vie personnelle, mais sa soumission à La Règle m'en empêche. Cela fait si mal.

*

* *

Nous avons entamé une correspondance avec Jacques et Jacqueline, eux aussi rescapés des Témoins de Jéhovah. Dans une nouvelle lettre que nous recevons, il est question du régime nazi et des rapports entre Hitler et les Témoins de Jéhovah. Je lis des extraits de déclarations prononcées entre 1934 et 1939 par les Témoins de Jéhovah par rapport à l'Allemagne et à Hitler, et une lettre que la Watch Tower écrivit au Fürher.

Nous sommes écœurés d'apprendre à quel point les hauts dirigeants de la Watch Tower avaient tenté de pactiser avec le Chancelier du Reich. Le document dit entre autres :

« Non seulement, nous ne sommes pas contre les principes évoqués par le gouvernement allemand, mais nous suivons les mêmes principes nous-mêmes, et nous soulignons que Dieu, Jéhovah, au travers du Christ Jésus, exaucera la pleine réalisation de ces principes. »

Mais Hitler et ses sbires ne sont pas dupes : par la suite, les Témoins de Jéhovah sont interdits sur tout le territoire allemand. La Watch Tower change d'attitude et se met à invectiver son « très cher Chancelier du Reich ». Les périodiques distribués clandestinement sont truffés de caricatures insultantes à l'égard des nazis, de leur chef et aussi de l'Église catholique, la grande ennemie. Les Témoins de Jéhovah subiront de violentes représailles et bon nombre d'entre eux prendront le chemin des camps de concentration.

Les documents publiés par l'Organisation taisent, bien entendu, ces tentatives d'accord avec les nazis.

Devenu orphelin très jeune, Jacques a été recueilli par une famille juive. Ses parents d'adoption ont été exterminés dans les camps de la mort. Les feuilles que j'ai entre les mains ont eu le même effet sur lui, que sur moi l'article de l'affaire étouffée du pédophile Témoin de Jéhovah. Comme l'écrit Jean-Claude Maes, « Aucune argumentation n'aide un adepte à quitter ces organisations.

Mais un choc émotionnel en rapport avec un événement de l'enfance, par contre, peut avoir un effet extrêmement percutant ». J'espère de tout cœur que ma fille connaîtra elle aussi ce déclic.

Jacques et Jacqueline nous font aussi découvrir les images subliminales que les Témoins de Jéhovah incluent dans leurs périodiques. À la page 17 du « livre à couverture bordeaux », on peut voir le dessin d'un diable caché dans les boucles de Jésus. Ce livre n'est plus utilisé aujourd'hui lors des études à domicile.

Pour notre anniversaire de mariage, Jean-Marie me fait un cadeau très particulier : un tatouage. Dans la salle d'attente, catalogue sur les genoux, je choisis un papillon. Ce cadeau éternel s'en ira avec moi. C'est la plus belle chose que mon mari m'a offerte.

*

* *

Je passe dans une émission de radio.

On me demande si je pense que je dois continuer à écrire à ma fille. De nombreuses victimes participent en direct. Une grande souffrance sort de cette expérience. Suite à cette émission, beaucoup de personnes veulent entrer en contact avec moi.

Lysiane, une ancienne Témoin de Jéhovah, m'a entendue et m'adresse une lettre retraçant son parcours.

Cela fait quinze ans qu'elle reste dans sa peau de victime, qu'elle souffre de ne pas être crue lorsqu'elle raconte sa vie au sein de l'Organisation : les gens trouvent son histoire tellement invraisemblable. Elle va devenir une excellente amie. Quand je reçois son témoignage, je lui téléphone tout de suite, nous discutons beaucoup et nous nous donnons rendez-vous. C'est la première victime qui viendra chez nous.

Les attachés de cabinet des trois ministres souhaitent nous rencontrer pour prendre connaissance de notre projet d'association d'aide aux victimes. Je prépare un dossier. Cette association aura pour membres plusieurs anciens rescapés, mais aussi Jean-Claude Maes, Julia Nyssens et Siggy Davreux, qui ont déjà beaucoup d'expérience en la matière.

Nous racontons aux attachés de cabinet notre souffrance et nos premiers contacts avec la presse. Nous expliquons l'importance de créer une association qui puisse non seulement écouter les victimes, mais aussi les guider vers la sortie et la guérison. Ils nous suggèrent d'orienter notre travail vers l'information dans un but de prévention et de diriger les personnes en souffrance vers ce qui existe en matière d'aide sociale. Par ailleurs, aucun budget ne peut être alloué à notre association. Nous ressortons très déçus de cet entretien. Tant pis. Nous ferons le nécessaire pour qu'elle voie le jour sans leur aide.

Nous contactons Janine Tavernier de l'UNADFI, l'Union Nationale des Associations de Défenses des Familles et de l'Individu Victimes de Sectes. Elle accepte de nous recevoir. Nous préparons un nouveau dossier.

À Paris, nous rencontrons l'équipe de l'émission « Des Racines et des Ailes », qui nous interviewe. Après la diffusion du reportage, le téléphone n'arrête pas de sonner.

Jean-Marie et moi sommes contents d'avoir témoigné ensemble.

Jean-Claude Maes nous demande d'aider trois jeunes étudiants en psychologie pour un travail sur les séquelles laissées par ces organisations. J'accepte tout de suite.

Pour la quatrième entrevue, je dois me rendre chez un monsieur qui a consenti à raconter son histoire.

Arrivée sur place, les lieux me semblent familiers. Je reconnais avec horreur la maison de la soeur de Pino, le père d'Armelle. Mon passé me revient en pleine figure.

Nous entrons. C'est un jeune couple qui habite là à présent. Je garde mon calme. En les interrogeant, j'apprends que l'homme est le neveu de Pino, le fils de sa sœur.

– J'ai connu Pino autrefois

– Ce bel Italien a fait des enfants à tout le monde !

– Oui, moi aussi j'en ai fait l'expérience. C'est pour cette raison que je suis devenue Témoin de Jéhovah.

La stupeur envahit la pièce.

Le 27 octobre, nous partons tous les trois au cimetière. Zhora s'effondre sur la tombe de ses sœurs.

– Est-ce que tu te rends compte, Maman, que j'ai ici deux sœurs que je n'ai jamais connues, que j'en ai une autre que je vois rarement, et une que je ne peux plus rencontrer ?

Zhora est bien déterminée à reprendre contact avec Armelle. Elle décide de se rendre à la résidence pour étudiants où loge sa sœur.

Armelle lui ouvre :

– Qu'est-ce que tu viens faire ici ?

– Je viens te voir, Armelle. Je suis seule. Le temps me semble long sans toi.

Zhora visite sa chambre et les deux sœurs cuisinent ensemble des pâtes.

Quand Zhora nous raconte son aventure, je bois ses paroles. Quel bonheur d'avoir enfin des nouvelles d'Armelle, mais quelle tristesse de ne pas avoir pu être avec elle. D'un coup, je me lève pour courir aux toilettes. Je suis prise de vomissements incessants. Tout ressort. Il est clair que j'ai beaucoup de mal à vivre cette situation.

Cette nuit, j'ai rêvé qu'Armelle me posait ses mains douces et fraîches sur les yeux : « C'est qui ? » C'est toi, Armelle. L'émotion était si forte que je me suis réveillée.

Il est 3 heures du matin. J'écris deux cartes à ma fille. Elles me sont renvoyées avec la mention « Retour à l'expéditeur ». Je reconnais l'écriture d'Armelle.

Le petit carnet d'adresses avec l'image du Petit Prince de Saint-Exupéry ainsi que l'argent glissé dans l'enveloppe nous reviennent eux aussi.

Ma fille ne lit même pas tous ces mots de tendresse de sa famille. Armelle donne juste quelques nouvelles à sa grand-mère. C'est déjà ça.

Chapitre X

AVCS, NOTRE ASSOCIATION

J'apprends qu'on organise un débat sur le thème « Témoins de Jéhovah et mormons, secte ou religion ? ». Je réserve trois places pour être dans le public. Dans les coulisses, je vois arriver deux Témoins de Jéhovah que nous connaissions très bien. Ils ne nous saluent pas.

Durant l'émission, je me force à écouter les mensonges des représentants des Témoins, qui disent accepter les homosexuels et accueillir tout le monde. Ils ne précisent pas que leurs adeptes devront renoncer à leur personnalité. J'exprime souvent mon mécontentement depuis ma place dans les gradins et l'animateur finit par m'offrir le micro pendant un court moment. Très énervée, j'explique qu'à cause de l'Organisation, nous ne voyons plus notre fille. Jean-Marie intervient lui aussi en signalant qu'à l'époque où nous sommes entrés dans cette communauté, un Témoin qui se retirait pour raison personnelle, comme nous, n'était pas exclu. Pourquoi est-ce le cas maintenant ? Il n'obtient aucune réponse.

En récupérant mon manteau, je me retrouve face à un des hommes de pouvoir de l'Organisation.

– Vous venez de faire beaucoup de mal à votre fille !

– Je ne fais pas de mal à ma fille, je dis ce qui est vrai. Ma fille ne me donne plus de nouvelles. Vous ne savez pas ce que c'est de ne plus voir son enfant.

À la réception qui suit le débat, plusieurs jeunes filles me remercient pour les quelques mots que j'ai prononcés.

Je fais un exposé dans un lycée. Un élève me pose une question qui m'interpelle : « Est-ce que les conférences et le témoignage au travers des médias ne sont pas en quelque sorte un devoir de réparation ? » Je sais pertinemment que j'essayerai à tout moment de réparer le tort que j'ai laissé derrière moi en essayant d'embrigader pour l'Organisation des personnes issues de tous les milieux.

Beaucoup d'autres conférences suivent. À la fin d'une de celles-ci, quelques élèves viennent me questionner sur la manière d'agir avec une de leurs amies qui est Témoin de Jéhovah. Je leur conseille de ne pas l'interroger sur sa vie dans l'Organisation, de l'entourer de leur mieux et de partager autant que possible de joyeux moments pour réveiller son esprit critique.

J'ai envie plus que tout de m'investir dans le combat de l'aide aux victimes et de la prévention au sein des écoles. Chaque citoyen a le « droit de savoir ». Mon vécu de vingt-trois ans au cœur de cette organisation est riche d'enseignements. Il pourra, je l'espère, servir d'outil de protection au grand public et aider tout un chacun à comprendre ce qui peut arriver à un de ses proches.

*

* *

Grâce à un nouveau courrier de notre avocat, nous pouvons rencontrer Armelle le 5 mars. À trois, nous partons pour le rendez-vous fixé dans une taverne près de la gare. Armelle nous salue froidement. De longues minutes s'écoulent sans que nous puissions vraiment engager la conversation. Armelle finit par nous demander des explications sur nos participations aux fêtes interdites. Elle ne connaît toujours pas la raison précise de notre exclusion. Jean-Marie tente de rétablir la vérité en lui faisant part des circonstances dans lesquelles nous avons été amenés à nous retirer « volontairement » de la congrégation locale.

Après cette rencontre, l'espoir que notre fille nous revienne renaît. Armelle sait maintenant que nous avons effectué un « retrait volontaire » et non pas subi une exclusion pour un acte honteux. Mais la situation reste compliquée. D'un côté, il y a les courriers de notre avocat qui stipulent que notre sortie relève bien d'un retrait volontaire et encouragent Armelle à poursuivre les contacts avec sa famille.

De l'autre, il y a les règles internes de l'Organisation qui obligent ses membres à considérer notre clan comme exclu et qui les empêchent de nous rencontrer.

*

* *

Le 14 mars 1999, notre association « Aide aux victimes de comportements sectaires » (AVCS) voit officiellement le jour. Je n'ai plus le temps de m'ennuyer. Je m'étonne même de posséder une telle énergie. Jean-Marie et moi marchons enfin ensemble. Il se laisse aller et s'exprime avec plus de naturel lors de nos interventions. Il prend également pas mal d'initiatives.

Je reçois France Berlioz, une journaliste de *L'Humanité*, qui est très touchée par mon histoire. Elle consacre une page entière à mon témoignage qui retranscrit avec beaucoup de sensibilité la vie terrible que nous avons eue. Cette femme me donne envie plus que tout de continuer à témoigner auprès des médias.

Je rencontre Charly, qui est resté surveillant de circonscription pendant quarante ans et qui, à présent, ne peut plus voir ses enfants. Il a profité de son ancienne « aura » pour faire sortir une cinquantaine de personnes de l'Organisation. Lui aussi nous montre des images subliminales présentes dans les livres des Témoins et nous explique leur incidence sur le sommeil des enfants. Je me souviens que je me levais souvent la nuit pour rassurer mes filles qui faisaient beaucoup de cauchemars. Jamais je n'aurais pensé que ces livres lus le soir en étaient la cause.

Le lendemain, Charly met à ma disposition ses anciens ouvrages de surveillant de circonscription, dont il aurait normalement dû se séparer. En fouillant, je tombe sur le *Livre des Anciens*, qui régente le comportement vis-à-vis des fautes que pourrait commettre un adepte. « Prenez garde à vous-même et à tous les troupeaux » (Bible. Actes. XX : 28). Ce livre représente le pouvoir. Nous photocopions les 156 pages. Ces lois, propres à l'Organisation, présentent vraiment un caractère féodal.

Nath, une ancienne Témoin de Jéhovah en instance de divorce, tente d'obtenir la garde de son fils, que son ex-mari conduit toujours en prédication dans les rues et emmène dans la Salle du Royaume. Elle porte l'affaire en justice et gagne son procès. Le père devra payer une astreinte de 8 300 francs, soit environ 1 250 euros, s'il est pris en défaut. C'est une grande victoire pour nous, car cette affaire sera un cas très important de jurisprudence pour l'avenir.

Notre ami Christian me téléphone. Il est très mal dans sa peau. Il a été exclu le jour où il a donné son sang pour sa fille leucémique. Cela fait des années qu'il vit son mal être, il est à bout de nerfs, prêt à commettre l'irréparable. Dans mon salon, je lui lis un verset biblique, Deutéronome, chap.18, versets 20 à 22 :

« Mais le prophète qui aura l'audace de dire en mon nom une parole que je ne lui ai point commandé de dire, ou qui parlera au nom d'autres dieux, Ce prophète-là sera puni de mort. Peut-être diras-tu dans ton cœur : comment connaîtrons-nous la parole que l'Éternel n'aura point dite ? Quand ce que dira le prophète n'aura pas lieu ou n'arrivera pas. Ce sera une parole que l'Éternel n'aura point dite. C'est par audace que le prophète l'aura dite. N'aie pas peur de lui. »

Nous examinons diverses traductions de ce passage. Christian est secoué. Combien de fois les Témoins de Jéhovah n'ont-ils pas annoncé la fin du monde et l'arrivée du monde nouveau ? Christian relève la tête et sourit.

– Ils ont menti !

Il sait maintenant qu'il est approuvé par Dieu. Il retrouve la force de lutter. C'est un moment mémorable. Il m'accompagnera souvent dans mes démarches, notamment lors du premier colloque de notre association.

C'est dans le restaurant d'un ami que nous fêtons mes cinquante ans. Une porte s'ouvre et, derrière, tous mes intimes et toute ma famille m'acclament. C'est un grand bonheur.

Le jour de l'anniversaire de la mort de Gabrielle et de Jaël, je reçois une lettre très hostile d'Armelle. La signature de ma fille est étrange. Des amis me conseillent d'envoyer une copie de la lettre à un graphologue pour qu'il l'analyse.

Les commentaires de celui-ci sont inquiétants : Armelle est dans un profond état d'agressivité. Il est même à craindre qu'elle retourne cette agressivité contre elle-même. L'analyse démontre aussi que la lettre n'a pas été composée par celle qui l'a signée. Les dirigeants de l'Organisation font tenir à notre fille des propos qui ne sont pas les siens.

Notre avocat réagit immédiatement en envoyant un courrier qui dénonce ces pratiques d'influence peu admissibles et qui vont à l'encontre de la sincérité et de la transparence que les Témoins de Jéhovah n'ont de cesse d'afficher. Il met aussi en évidence le fait que notre fille est sous pression, menacée de sanctions.

J'ai la rage au ventre pour aborder notre congrès.

Nous avons déployé un travail gigantesque pour le préparer : recherche d'adresses, envoi de 3 500 invitations… Et le grand jour est arrivé : le 30 octobre 1999, notre colloque sur l'aide à apporter aux victimes de mouvements sectaires a lieu.

D'importantes personnalités y participent en tant qu'orateurs : Max Bouderlique, docteur en philosophie, écrivain de plusieurs livres sur le sujet ; Sonya Jougla, psychologue, psychanalyste, diplômée universitaire en victimologie ; Jean-Pierre Jougla, avoué à la Cour d'appel de Montpellier, auteur d'un Guide des droits des victimes d'organisations qualifiées de sectes ; Jean-Claude Maes, psychologue, thérapeute familial et fondateur de S.O.S.

Sectes ; Reynaldo Perrone, psychiatre et thérapeute familial.

Le rôle de modérateur est confié à Richard Querinjean, psychiatre, psychanalyste et professeur émérite à l'UCL.

Pierre-Henri Debord, représentant de la Mission interministérielle de lutte contre ces mouvements religieux réalisera la synthèse du colloque. On compte également parmi l'assistance la présence de Pierre-Henri Decordes, président suppléant de l'Observatoire Belge des Sectes, aujourd'hui C.I.A.O.S.N. (Centre d'Information et d'Avis sur les Organisations Sectaires Nuisibles).

La presse est là. De nombreux articles paraissent. Nous recevons par la suite des dizaines d'appels téléphoniques. Nous apportons l'écoute, les renseignements et la documentation aux personnes qui le demandent. Nous considérons tous ces témoignages comme de bonnes nouvelles. Nous avançons à grands pas dans l'aide aux victimes.

Il faut, cependant, que je me rende à l'évidence : toute cette activité me fragilise. Les mots des victimes me font replonger dans ma propre souffrance. Je me dépense sans compter dans notre association, mais le cauchemar ressurgira toujours. Heureusement, la consultation de professionnels permet de faire la part des choses, de progresser, de se reconstruire.

Mon médecin traitant, une femme perpétuellement disponible et à l'écoute, me conseille la prise d'un médicament pour diminuer mes angoisses et rétablir mon équilibre psychique. J'en ai bien besoin : pas une nuit ne se passe sans que je ne me voie dans la Salle du Royaume ou dans la rue en train de prêcher la bonne parole et d'affirmer que le jour de l'apocalypse est proche.

Je dois aussi beaucoup à ma psychologue, Madame Laurent, qui continue de m'aider à trouver mes nouveaux repères dans ma vie actuelle.

Des films, même s'il ne s'agit que de fiction, tels que *Les Enfants du jour* de Harry Cleven ainsi que *La Secte* (*The Colony*) de Rob Hedden, contribuent réellement à ce que Jean-Marie mette des mots sur des situations anormales : endoctrinement, prosélytisme, enfermement, changement de personnalité...

*

* *

Zhora, Jean-Marie et moi partons en TGV pour Paris. L'équipe de « C'est mon choix » nous attend avec d'autres anciennes victimes.

L'émission est éprouvante. Un caméraman filme mes réactions en coulisse alors que Zhora est interrogée sur le plateau. Certaines questions me font mal : « En voulez-vous à votre mère de vous avoir entraînée dans cette organisation ? » Je maîtrise mal mes émotions et cela se voit : les larmes coulent à flot.

Je demande : « Ai-je l'air de Satan ? Eh bien, pour eux, je suis le diable ! » Le public me soutient.

Après l'émission, je pars pour tenter d'entrer en contact avec Armelle. J'achète une rose rouge avec une petite carte pour le cas où elle serait absente. Sur le papier, je lui demande pardon pour ce qu'elle me reproche.

À 18 heures, je suis devant l'internat. Trois heures passent sans que j'aie le moindre signe d'Armelle. Je téléphone à Jean-Marie qui me conseille de rester là et d'attendre encore. Je suis si près d'elle. Je vais trouver la concierge qui accepte de m'ouvrir sa porte.

– Je voudrais tant voir ma fille.

– Vous aussi vous avez des problèmes relationnels avec vos enfants ?

– C'est un peu particulier. J'étais Témoin de Jéhovah et j'ai quitté la communauté…

La concierge m'interrompt :

– Je les connais, les Témoins de Jéhovah : je les ai fréquentés de nombreuses années. Je comprends votre peine. Entrez.

Elle ouvre la barrière et je pénètre dans l'école. J'aperçois ma fille. Une angoisse épouvantable s'empare de moi. La concierge me laisse sur le perron.

– Qu'est-ce que tu viens faire ici, toi ?

– Enfin Armelle… J'ai envie de te voir, je t'aime.

– Tu sais très bien ce que tu dois faire si tu veux me voir…

– Quoi ? Redevenir Témoin de Jéhovah ? Jamais !

S'il te plaît, je souhaite tellement te parler.

– Bon, ça va, entre !

Nous ne sommes pas seules : d'autres filles sont dans la pièce. Je propose à Armelle d'aller ensemble prendre un verre quelque part. Elle se radoucit et accepte. Nous nous rendons en voiture jusqu'à un pub qu'elle connaît.

Armelle me pose beaucoup de questions sur mes nouvelles occupations. Je lui confirme que j'écris un livre. De son côté, elle m'avoue que ses études ne sont pas faciles et qu'elle est inquiète à l'approche des examens. Elle me dit qu'elle continue à fréquenter les Témoins de Jéhovah. Je lui réponds que je n'ai rien contre ça.

Je lui caresse les cheveux :

– Je t'aime. Tu me manques. Je voudrais avoir de tes nouvelles plus souvent.

Elle me laisse la serrer contre moi. Elle vient se blottir entre mes bras. Je constate qu'elle m'aime encore. Je la reconduis jusqu'à la barrière de l'internat. Alors qu'elle s'éloigne de moi, je me demande si je la reverrai de nouveau. Je téléphone à la maison :

– Je l'ai rencontrée !

Jean-Marie et Zhora explosent de joie. Je reprends courage.

Mais le lendemain matin, notre espoir est anéanti par un coup de téléphone :

– Maman, ne viens plus me voir ! Je vais en avoir encore

pour des semaines à me taper la tête contre les murs, à faire des cauchemars, à ne plus pouvoir me concentrer sur mes cours. Ne viens plus !

Pour elle, je suis une persécutrice, une possédée de Satan. Mon enfant est en train de s'enterrer vivante. Je dois la considérer comme disparue.

*

* *

Il y a du nouveau dans la vie de notre cadette : Bertrand, qui vient de temps en temps manger à la maison. Zhora m'apprend qu'un proche parent de l'élu de son cœur est « évêque » chez les Témoins. Jean-Marie et moi estimons que nous devons aborder la question avec lui :

– Bertrand, il faut que tu saches que si vous décidez de vous fréquenter et éventuellement de vous marier, il y aura certainement quelques problèmes. Cette personne ne sera pas à ton mariage, parce que tu épouses une jeune fille ex-Témoin, tout comme ses parents. Il ne mangera pas à la table de ceux qu'il doit considérer comme des exclus !

Bertrand n'a pas l'air de nous croire : il pense que nous sommes au centre d'un malentendu local et que le temps arrangera les choses.

Zhora va fêter ses 20 ans. Avec la complicité de Bertrand, nous organisons une fête surprise avec une cinquantaine de personnes.

Quelques semaines après cet anniversaire, Zhora m'offre une carte de vœux à l'occasion de la fête des Mères :

« Des milliers de fleurs ne suffiraient pas pour te dire combien tu comptes pour moi. Bonne fête, Maman ! En ce jour tout spécial, sache que je t'aime très fort. Je serai toujours là pour lutter avec toi dans le même combat. J'espère que bientôt nous serons deux à signer cette carte pour toi. De toute façon, je suis sûre qu'en pensée nous sommes réunies pour te dire que nous t'aimons.

Zhora. »

Je pense à l'éternelle absente, dont je n'ai plus du tout de nouvelles.

Chapitre XI

Armelle s'éloigne

Je reçois le premier coup de fil de Françoise le 16 avril. Elle a entendu parler de notre association. Elle me dit que cela n'a pas été facile pour elle de trouver une personne à qui confier son histoire. Elle veut quitter l'Organisation. Son mari est président surveillant chez les Témoins et elle a deux enfants. Elle n'a aucun pouvoir sur le ménage et les comptes financiers, elle n'est personne aux yeux de la loi, elle ne peut qu'obéir. Elle ne se considère plus comme un être humain.

D'abord, je suis méfiante : je pense qu'elle désire s'infiltrer dans notre association pour me causer du tort. Mais au fil de son histoire, Françoise gagne ma confiance. Elle me recontacte bientôt pour fixer une entrevue.

Le rendez-vous a lieu en pleine campagne. Elle arrive avec un foulard sur la tête et des lunettes noires. Elle entre précipitamment dans la voiture et nous démarrons. On se croirait dans un film d'espionnage ! Dissimulées au fond d'une brasserie, nous discutons autour d'un café. Nous planifions une rencontre avec un avocat afin de régulariser la garde de ses deux fils, Rapha et Cédric. L'homme de loi peut nous recevoir cet après-midi.

Françoise marche devant moi. Quelle folie : le village fourmille de Témoins de Jéhovah. Pour organiser au mieux son départ, nous prévenons également la gendarmerie, au cas où son mari la retiendrait contre son gré. Un autre Témoin de Jéhovah réside à cent mètres de chez elle ; s'il la voit, il donnera l'alerte. Les gendarmes se montrent très compréhensifs. Françoise leur indique le jour de son déménagement, qui coïncide avec la rencontre du juge au tribunal.

Trois semaines avant de partir, Françoise informe ses fils de ce grand secret. Ils retrouvent l'espoir de vivre enfin comme les autres enfants, et se réjouissent à l'idée de ne plus porter de cravate pour aller prêcher, de pouvoir s'asseoir dans une salle de cinéma et de manger dans un fast-food. Cependant, ils sont très angoissés : que se passera-t-il pour eux le jour d'Armageddon ?

Le jour J arrive. À 8 heures, le mari de Françoise quitte la maison. Cédric et Rapha sont déjà en route pour l'école. En une heure, tout est embarqué. Les voisines sortent, alertées par le vacarme. Françoise leur demande de rentrer chez elles. Les gendarmes se présentent sur place et prennent les dispositions nécessaires pour la mettre à l'abri d'une accusation de vol.

Françoise laisse sur la table sa lettre de rupture et de retrait des Témoins de Jéhovah. Je l'accompagne avec son père à la gendarmerie pour une dernière déposition actant le fait qu'elle quitte la maison. Elle est maintenant en règle avec la loi. Elle va ensuite chercher ses fils.

Nous rentrons tous chez moi, épuisés. Jean-Marie revient bientôt avec une bouteille de champagne.

– Félicitations !

C'est un moment fort. C'est très important d'être entouré quand le déclic s'est produit.

Françoise reçoit un appel de l'étranger. C'est Alan, un ancien amour de jeunesse, avec qui elle a repris contact avant sa sortie. Il la félicite lui aussi.

Grâce à ce soutien, Françoise arrive à dépasser cette épreuve.

Notre médecin, qui juge la situation très difficile pour les enfants, rédige deux certificats de maladie pour les écoles. À la lecture des papiers médicaux, l'ex-mari de Françoise fait vite le lien avec notre association. Il est urgent pour nous de prendre des dispositions : s'il retrouve notre trace, il sera vite ici. Nous louons en catastrophe un appartement à la mer et nous partons deux jours plus tard. Jean-Marie et moi prenons conscience de ne pas disposer d'un endroit secret pour mettre en sécurité certaines victimes dans des cas comme celui-ci. Nous résoudrons ce problème ultérieurement, dans la mesure de nos moyens.

Françoise a quitté une prison, mais elle plonge maintenant dans l'inconnu. Elle n'a ni maison, ni argent, ni travail. Des disputes éclatent tant sa souffrance est grande.

Sur le balcon de cet appartement situé au huitième étage, elle se penche un instant. Une seule seconde remplie d'une solitude de quinze ans. Mais l'amour de la vie et de ses enfants l'empêche d'enjamber la balustrade.

Sur un ponton, Françoise retrouve un de ses frères, qu'elle a perdu de vue depuis son entrée dans l'Organisation. Les larmes aux yeux, j'immortalise cet instant avec mon appareil. La sœur de Françoise est prête à prendre le relais pour l'héberger.

Au tribunal, le premier juge ne connaît pas le rapport de la commission d'enquête ; il ne sait certainement pas que les Témoins de Jéhovah y sont répertoriés. Françoise obtient la garde de ses enfants et une allocation de 100 euros lors du deuxième procès. Siggy, vice-président de notre association, était présent dans la salle du tribunal, paré à répondre aux éventuelles questions. Françoise peut commencer sa reconstruction.

Début juillet, nous recevons une lettre qui nous fait chaud au cœur :

« […] Je vous remercie encore pour l'aide et le soutien moral et financier dont vous avez tous fait preuve à l'égard de mes enfants et de moi-même.

Je pense aux nombreux kilomètres que vous avez parcourus pour me conduire chez l'avocat, dans les diverses maisons communales pour les formalités et pour nous cacher de mon mari.

Je vous remercie encore de nous avoir soutenus sans cesse, alors que notre état de santé moral était terriblement ébranlé. Si je suis aujourd'hui une mère libérée, avec deux enfants libres eux aussi, c'est grâce à votre volonté, votre courage et votre détermination à combattre cette forme d'esclavage.

[…]

Il n'existe pas de mot suffisamment fort pour vous exprimer notre gratitude. J'espère que votre association trouvera bientôt un soutien financier solide, pour vous permettre de continuer vos actions de sauvetage pour d'autres personnes, d'autres familles qui, comme nous, n'avaient plus l'espoir de revivre un jour libres. »

Françoise a entamé des études et emménagé avec ses fils dans un nouvel appartement. Elle a rassemblé sa famille et ses amis pour un premier anniversaire, avec gâteau et bougies. Elle a revu Alan, qui emmènera les enfants pour la première fois dans un fast-food. Ils se marieront deux ans plus tard. Je ferai leur reportage photo en cadeau.

*

* *

Pendant les grandes vacances, nous partons avec Zhora et Bertrand dans le Roussillon. Dans un restaurant chinois de Sète, nous retrouvons nos amis Sonya et Jean-Pierre Jougla. Et à Sigean, nous rencontrons Joëlle, une ex-compagne d'esclavage qui a fortement contribué, avec notre ami Jacques Luc, à la traduction française d'un livre de Raymond Franz, ex-Témoin, neveu d'un ancien président de la Watch Tower, conscient des nombreux mensonges et dégâts occasionnés par l'Organisation envers ses adeptes. Dès septembre, nous démarrons, sur les chapeaux de roues, les préparatifs de notre deuxième colloque : « Le Gourou, sa Victime. »

Une chaîne de télévision sollicite ma collaboration pour une émission spéciale : « Les enfants des Sectes ». Lysiane, la première victime à être venue chez nous, est d'accord de parler de son enfance et des problèmes par rapport au don de sang. Elle se sent forte et déterminée.

Au studio, je rencontre pour la première fois Hayat El Mountacir, écrivaine et grande spécialiste de ce type de mouvements religieux, une personne toute simple et généreuse. Quand j'arrive, le présentateur de l'émission, me fait part d'un appel téléphonique d'un serviteur de circonscription. Celui-ci a probablement lu l'article dans un programme télé, où le journaliste parle de notre projet de livre. Cette nouvelle m'inquiète.

Lorsque Lysiane témoigne, les téléspectateurs peuvent participer au débat en direct par téléphone. Le serviteur en question intervient et tente de remettre Lysiane sous emprise :

– Je connais bien Lysiane, j'ai mangé chez elle…

Malgré sa bonne préparation, Lysiane perd ses moyens.

Heureusement, un médecin s'interpose et clôt le chapitre en racontant la mort d'un enfant de huit ans, causée par le refus d'une transfusion. Il ajoute que cet événement le poursuivra toute sa vie.

Dès le lendemain de l'émission, le téléphone sonne : une « ex-Sœur » voudrait nous parler. Nous la rencontrons le soir même, avec son mari. Eux aussi ont revu leur point de vue. Elle me dit qu'il y a peu, si elle m'avait vue en ville, elle m'aurait craché dessus. Comme quoi, il est tout à fait possible de changer !

*

* *

Le premier octobre, la maison de repos de Maman nous contacte : elle a fait un malaise cardiaque pendant la nuit. On ne peut pas la conduire à la clinique parce que ses poumons sont presque remplis d'eau.

Zhora et moi nous précipitons à son chevet. Je laisse un message sur le portable d'Armelle. À 10 heures, celle-ci appelle sa grand-mère. En pleurs, elle lui demande de tenir le coup, car elle est en Allemagne.

L'angoisse de l'attente est insupportable. Maman lutte contre la mort, dans l'espoir des retrouvailles tant attendues avec son autre petite fille. Quand Armelle arrive, Maman retrouve ses esprits. Elle est très heureuse. Elle est hospitalisée le lendemain, mais elle ne pourra pas être opérée.

Elle va devoir vivre avec son cœur fragile.

Quelques jours plus tard, je rencontre une journaliste de la presse écrite. L'article est publié le 20 octobre : « Les sectes, leurs gourous et leurs victimes ». Mais le texte présente un élément erroné : il dit que mes deux petites filles seraient décédées à cause d'un refus de transfusion. Or, à leur arrivée à l'hôpital, elles étaient déjà mortes. J'envoie un courrier à la rédaction du journal pour manifester ma désapprobation, en stipulant que le décès de Gabrielle et de Jaël a été officiellement constaté dès leur admission.

J'avais également demandé à la journaliste de ne pas faire mention du nom de l'organisation à laquelle j'avais adhéré. Nous en avions d'ailleurs reparlé le lendemain au téléphone et elle m'avait certifié qu'elle n'en ferait rien. Mais elle avait ensuite jugé utile de donner la parole aux Témoins de Jéhovah. Avec les autres membres fondateurs de notre association, nous tenions à respecter et à faire respecter la « règle d'or » de ne pas mentionner de groupes et, a fortiori, d'en exposer les croyances, mais de nous efforcer plutôt à faire la synthèse des connaissances en matière de psychologie sectaire. Il faudra dorénavant que j'apprenne à contrôler mes paroles afin de rester à l'écart du sensationnalisme.

En décembre, je pars à Paris pour participer à l'émission de Julien Courbet. J'y retrouve Mathieu Cossu. Lors de l'enregistrement, Julien Courbet est très impressionné par mon témoignage. D'ailleurs, il s'adresse au témoin suivant en l'appelant par mon prénom, ce qui me fait sourire.

Le lendemain matin, un journaliste m'interviewe à l'hôtel. Je lui demande de changer mon identité : je serai Isabelle. Avec le recul, je comprends que cette attitude montre que je suis encore manipulée par les Témoins de Jéhovah, au travers de ma fille.

Armelle et Zhora passent le week-end ensemble. Je suis jalouse de ma cadette qui a participé autant que moi à des émissions publiques et qui pourtant peut voir sa sœur. Cela me fait très mal. Je me sens tellement incomprise. Je téléphone en pleurs à Françoise, qui m'accueille. Les rôles sont inversés. Elle comprend mon désarroi.

*

* *

Ma libraire me dit avoir rencontré « une de mes amies ». Elle me la décrit et je crois voir de qui il s'agit. Jean-Marie et moi comprenons qu'il se trame quelque chose et que nous devons nous attendre à de nouvelles attaques de l'Organisation.

Dans la librairie, cette dame a fait des photocopies d'un article de presse vieux de vingt-deux ans. Elle nous remet quelques copies ratées que cette personne a abandonnées sur place. Je découvre pour la première fois cet article dont

Jean-Marie m'avait épargné la lecture à l'époque.

Quelques jours plus tard, nous recevons une lettre datée du 5 décembre 2000 :

« Dans un journal paru le 20 octobre 2000, vous avez accepté de prononcer certains mensonges flagrants. C'est devenu chez vous une habitude, mais cette fois, vous allez trop loin et je me trouve dans l'obligation de ramener à votre mémoire des faits pénibles d'un passé éloigné.

Vous avez déclaré avoir refusé des transfusions sanguines pour deux de vos enfants : Gabrielle, âgée à peine d'un an, et Jaël, âgée de moins de deux mois. Ces deux bébés seraient maintenant de belles jeunes filles. Elles ne demandaient effectivement qu'à vivre.

Les circonstances réelles de l'accident étaient mentionnées dans le journal local des 28 et 29 octobre 1978. Vous trouverez ci-joint une photocopie de l'article.

J'ai interviewé des personnes qui vous ont assistée psychologiquement à l'hôpital et après votre sortie, que j'ai pu retrouver suite à une enquête honnête et minutieuse. Toutes me déclarent qu'il n'a jamais été question de transfusion sanguine, les enfants étant malheureusement décédées sur le lieu de l'accident. Plusieurs témoins de l'époque m'ont signalé clairement que vous n'aviez pas manqué alors de vous culpabiliser de ce qui était arrivé. C'est vous en effet qui étiez au volant, à côté de votre maman.

Aucun chrétien de votre entourage à l'époque n'est la cause de cet accident. Par contre, tous ont eu la bonté de vous consoler. Vous pourriez au moins faire preuve de gratitude à leur égard. À l'époque, vous aviez su vous montrer reconnaissante pour l'aide dévouée qui vous avait été apportée. Voyez la copie de vos remerciements d'alors.

Je regrette de devoir rappeler à votre mémoire des événements très pénibles pour vous et pour tous ceux qui vous ont soutenue alors, mais c'est vous qui nous avez remis ces événements tragiques en mémoire, en obligeant certains à rétablir la vérité.

Vous avez mentionné dans certains médias que vous êtes en train de travailler sur un livre qui pourrait avoir pour titre « Ma fille est prisonnière d'une secte ». Il est évident qu'après avoir constaté les mensonges qui y seront mentionnés et le manque de reconnaissance pour tout ce que des personnes, bien intentionnées, ont fait pour vous, je pourrais aussi prendre la liberté de travailler sur un livre qui pourra avoir pour titre, vrai celui-là, « *Sa mère a donné naissance à une secte : une secte qui n'aura pas longue vie* ».

Jusqu'à présent, vous avez profité de l'esprit paisible des victimes de vos diffamations. Je pense toutefois que le temps est venu pour vous de devenir raisonnable et d'éviter des agissements franchement méchants. Votre haine de gens honnêtes, qui ont tant fait pour vous, finira par vous amener à un état figé. Soyez assurée que ce courrier est fait pour vous aider à ne plus aller trop loin à l'avenir et qu'il a été écrit avec le droit qu'ont les victimes de la diffamation de se protéger et de se défendre.

Vos pratiques ne m'effrayent pas : elles me dégoûtent. »

La lettre est signée par le serviteur de circonscription qui a déjà tenté de déstabiliser Lysiane lors de L'Écran Témoin.

Bouleversée, je commence à marcher de long en large. Mon mari essaye de me calmer. J'ai envie d'une cigarette, moi qui ai enfin arrêté. Les mots de la lettre résonnent dans ma tête. Comment peut-on en arriver à de tels extrêmes ?

Cette missive n'est pas loin d'atteindre son but : me faire taire à tout jamais. Mais mes amis me soutiennent et m'encouragent à continuer de défendre l'association.

Je commande l'analyse de cet envoi à un expert en graphologie :

« Même dactylographié, le style révèle la perversité et la peur de l'auteur que les comportements au sein de l'organisation soient révélés. Cette missive comporte de nombreux arguments énoncés sur un ton corrosif, manifestant une certaine dose d'agressivité, et même de sadisme. Cet individu trouve bon de ramener à la mémoire de Madame Bastin des faits pénibles d'un passé éloigné. Il tient donc à remuer le fer dans la plaie d'une manière particulièrement sadique... »

Notre avocat répond à l'auteur de cette lettre perverse que « le procédé consistant à raviver notre douleur en nous communiquant une photographie de ce terrible accident ne saurait être qualifié et que l'enquête qu'il dit avoir fait réaliser est dépourvue de la moindre pertinence et ne peut en aucun cas amoindrir la seule vérité pouvant et méritant d'être considérée : la vérité judiciaire. La Justice a décidé à l'époque que l'accident en cause devait faire l'objet d'un classement sans suite, écartant de ce fait toute question de responsabilité. »

*

* *

Nous préparons déjà le troisième colloque de l'association qui aura pour thème « Enfance et Sectes ». Françoise va dessiner le projet d'affiche : un oiseau dans une cage, sans eau et sans nourriture, avec autour de lui d'autres oiseaux qui volent en toute liberté.

Quand j'ai un peu de temps, je continue à m'investir dans ce qui me fait le plus plaisir : la photographie. C'est dans cette occupation que je trouve mon plein épanouissement et que je peux recharger mes batteries.

Zhora a réussi ses études d'institutrice. Elle a travaillé énormément sur son mémoire de fin d'études : « Et si le grand méchant loup s'appelait "gourou" ? La prévention contre les sectes à l'école primaire. » Elle a obtenu une grande distinction.

Ma fille célèbre ses fiançailles avec Bertrand le 8 avril. À onze heures, nous dégustons le champagne et les bagues sont échangées.

Armelle aussi termine ses études. Elle sort première de sa promotion.

Je sais qu'elle passera deux jours chez nous avec Zhora et Bertrand qui gardent notre foyer alors que nous sommes à l'étranger pour notre 25e anniversaire de mariage. Pendant le voyage, nous n'arrêtons pas de penser à Armelle qui découvrira pour la première fois la rénovation de sa chambre, réalisée deux années plus tôt.

Pendant notre absence, Zhora donne à Armelle les clés de ma voiture afin qu'elle puisse rendre visite à sa grand-mère à la maison de repos. Sur le porte-clés sont accrochées des médailles de saint Christophe et de sainte Rita.

– Encore des idoles !, lance-t-elle à sa sœur.

Cent mètres plus loin, elle encastre ma petite Fiat blanche dans le muret d'une demeure voisine.

Lorsque nous rentrons, je n'ai pas un mot d'excuse d'Armelle.

*

* *

Jean-Marie et moi avons décidé de nous marier à l'église. En tant que Témoins de Jéhovah, nous sommes à l'époque seulement allés à la mairie et à la Salle du Royaume. Nous recevrons une bénédiction, une messe n'étant pas permise puisque Jean-Marie est divorcé.

Le 14 juillet, c'est le grand jour. Il pleut à verse. Nous retrouvons nos amis à la petite chapelle de notre village où retentit la chanson *L'envie d'aimer*. C'est avec beaucoup d'émoi que nous lisons ensemble la prière des époux que nous avons rédigée :

« Merci Seigneur. Il y a vingt-cinq ans, tu as permis que nos chemins se croisent. Il y a plus de quatre ans que tu nous as libérés. Aujourd'hui, presque rétablis, nous souhaitons que tu bénisses notre union devant nos parents et amis rassemblés ici, parce que nous adhérons aux valeurs enseignées par Jésus ton fils : l'amour, le partage, le respect d'autrui.

Devant toi, nous promettons de continuer de faire de notre foyer une famille accueillante, une maison ouverte à tous dans le respect des différences de chacun.

Père, merci pour ton inépuisable tendresse. Nous souhaitons partager ta joie de vivre et d'aimer avec nos frères et nos sœurs en Jésus. Que les croyants te louent et te glorifient en personnes libres et responsables, dans la fraternité et la paix. Que vienne le temps où les humains seront plus humains, où chacun s'acceptera dans sa différence, où l'autre ne sera plus victime de préjugés. Que nous puissions tous conquérir sur terre dans les jours à venir la liberté que tu nous as donnée !

Toi qui as donné ton fils, donne-nous la force de nous pardonner les uns les autres, puisque c'est dans cette mesure que tu pardonneras.»

Chapitre XII

Un nouvel amour dans la famille

Le troisième colloque de notre association a lieu le samedi 27 octobre 2001. C'est exactement le jour du 23e anniversaire de la disparition de nos deux petits amours, Gabrielle et Jaël. C'est aussi le jour de la naissance d'une petite Princesse. Vu l'événement, les journalistes préfereront consacrer de la place à cet évenement, ce qui est bien normal.

Hayat El Mountacir, Anne Fournier, rencontrée à Paris pour une mise au point avec Zhora au sujet de son mémoire, coauteur avec Michel Monroy de plusieurs essais, dont *La dérive sectaire*, et, bien entendu, Jean-Claude Maes, sont parmi nous, ainsi qu'un représentant du délégué général aux droits de l'enfant.

Mon cher mari prend la parole avec beaucoup d'émotion :

« Le phénomène de ces mouvements n'est pas neuf. Des tragédies relatant leurs faits, avec parfois des centaines de morts, dans des pays voisins et sur d'autres continents, ont fait la une des journaux et des médias.

Mais ce n'est malheureusement que la pointe émergée de l'iceberg. Une épidémie silencieuse et sournoise se répand aussi chez nous, au quotidien. Et même si elle est moins spectaculaire, elle est tout aussi grave, si ce n'est davantage. Les victimes de tels comportements ont souvent tardé à se manifester, tant est grand le pouvoir exercé sur elles et tant est dissuasive la crainte des conséquences d'une éventuelle rupture.

Ce troisième colloque sera dans la lignée des deux précédents, destiné à alimenter une réflexion sereine, dépourvue de tout a priori sur le cheminement suivi par les victimes des phénomènes sectaires, ainsi que par les personnes de leur entourage, les « co-victimes ».

Le but de ce colloque n'est pas une prévention à l'usage d'un vaste public. Il a pour objectif de proposer, principalement aux professionnels de l'éducation et de la justice, des pistes de réflexion pour construire une approche qui ne soit ni banalisante, ni avide de sensationnel, ni coercitive, mais pleinement pertinente, dans le souci premier d'aider les victimes et, en particulier cette année, les enfants. Nous voulons, comme lors de nos deux congrès précédents, sensibiliser les autorités aux mesures qu'elles pourraient prendre en termes d'aide aux victimes.

Le 27 octobre n'est pas, pour ma femme et moi, une date dépourvue de signification. Elle commémore en effet la perte irréparable de deux de nos filles qui, si elles en avaient eu besoin, n'auraient pu recevoir certains traitements qui, à l'époque, n'étaient ni permis, ni même simplement envisageables au regard des règles strictes du groupement auquel nous appartenions.

Notre prise de conscience a été longue et douloureuse. Je tiens ici à rendre hommage à mon épouse qui, pendant ces années difficiles, a réussi à redonner un sens à notre vie et qui, grâce à l'énergie qu'elle développe au sein d'AVCS, dont elle est d'ailleurs la vraie cheville ouvrière, apporte aux personnes en difficulté qui nous contactent l'aide et le soutien qui nous ont tant fait défaut à l'époque.

En offrant à tous ceux qui le souhaitent la possibilité d'une réflexion, d'un dialogue et d'une aide, nous sommes convaincus d'avoir trouvé la voie à laquelle nous aspirions vraiment. Nous ne saurions en trouver de meilleure preuve que dans la correspondance qui fut reçue par mon épouse peu de temps après le précédent colloque.

L'un des membres dirigeants du groupement auquel nous avons appartenu nous y enjoignait, entre autres, de nous taire. Cette personne n'a d'ailleurs pas hésité à nous rappeler dans sa lettre, par ailleurs mensongère, le dramatique accident qui provoqua la mort de nos deux filles, et même à nous envoyer un article de presse de l'époque, avec la photo de la voiture accidentée. Peut-on imaginer démarche plus perverse ?

Je m'adresse maintenant particulièrement aux parents.

Si nous restions "figés", si les autres associations poursuivant les mêmes buts que nous ne continuaient pas leurs efforts de prévention, d'aide, d'information, de recherche scientifique et d'interventions dites "de terrain", vous seriez peut-être davantage encore de victimes de "commerce de cerveaux" et de bouleversements familiaux.

Personne ne se réveille un matin en se disant : "Aujourd'hui, je m'engage dans cette organisation religieuse." Des milliers d'individus, dont, bien entendu, des parents, se joignent à ces groupes en ne mesurant pas qu'ils sont en train de se faire embrigader. Ces communautés utilisent des techniques de manipulation mentale efficaces, qui s'adressent à vos émotions et non à votre intellect. Alors, je ne saurais trop vous mettre en garde : parents, attention à vos enfants ! »

Lorsque Zhora monte à la tribune pour son intervention, une joie m'envahit. Notre « soleil » a fait un travail d'exception. Elle présente les photos de la pièce de théâtre qu'elle a mise sur pied avec les suggestions de ses élèves.

– Pourquoi commencer la prévention à l'école primaire ? Je pense que, comme l'apprentissage des langues, plus tôt on débute, meilleur est le résultat. Informés dès leur plus jeune âge, les enfants peuvent aiguiser leur esprit critique. Or, comme cela a déjà été souligné, les enfants sont souvent les victimes innocentes des croyances de leurs parents.

Il me revient de clôturer le colloque :

« Au cours de cette journée, nous avons abordé différents points. On m'a demandé d'en faire la synthèse, mais celle-ci était finalement toute faite : il me suffit de considérer notre parcours de vie, dont vingt-trois ans enfermés dans une communauté religieuse, notre déclic, puis cinq ans d'aide aux victimes à travers notre association.

Tout au long de ce colloque, nous avons parlé d'enfants. J'en suis très heureuse, car c'est la génération montante, celle que nous devons rendre autonome et qui continuera ce que nous avons amené.

Le début de ces vingt-trois années d'emprisonnement a coïncidé avec la naissance de ma fille aînée, dont je tairai le nom puisqu'elle est restée attachée volontairement à l'organisation dont nous sommes sortis. Je faisais, comme le chante Jean-Jacques Goldman, "un bébé toute seule". C'était les années 1970, celles des révoltes estudiantines, celles de l'émancipation de la femme. Hélas, mon père ne voyait pas les choses comme moi et m'a rejetée. C'est ainsi que les Témoins de Jéhovah sont entrés dans ma vie.

J'y ai rencontré mon mari, puisque nous ne pouvions nous marier qu'entre adeptes. Il avait une fille de son premier mariage, Lucille. Nous avons vécu la difficulté des droits de visite des enfants, dont il a été question au cours de ce colloque. Nous avons retrouvé Lucille lorsque nous avons quitté la communauté et, aujourd'hui, nous la voyons le plus souvent possible, afin d'essayer de rattraper le temps perdu.

De notre union sont nées trois filles. Les deux premières, Gabrielle et Jaël, sont décédées dans un accident.

L'Organisation nous promettait de les retrouver dans un monde nouveau où nous pourrions les chérir à nouveau, si toutefois – il y a toujours une condition –, nous étions approuvés de Dieu le jour où il interviendrait. Cet espoir a fait que nous nous sommes attachés plus que jamais aux règles de cette organisation et que nous y sommes encore restés vingt ans.

Après l'accident, nous avons eu Zhora. Ce fut comme un jour nouveau après la disparition de nos deux jeunes enfants. Souvent, elle montrait son désaccord envers l'Organisation. À l'école, elle devait supporter le rejet des autres élèves. Adolescente, elle vivait ses amours en cachette, et quand nous l'apprenions, nous appliquions les règles de l'Organisation en lui faisant subir de longues heures de discours et d'étude biblique. Elle aussi devait gagner son paradis et nous étions convaincus que c'était la seule façon de l'obtenir.

C'est encore une histoire d'enfant qui fut à l'origine de notre sortie. Une histoire publiée dans un hebdomadaire en novembre 1996. J'étais révoltée : comment l'Organisation à laquelle j'appartenais avait-elle pu forcer une enfant à pardonner à son abuseur ? C'en était trop ! Nous nous sommes alors dissociés du groupe, avec pour conséquence l'exclusion et l'interdiction formelle faite à ma fille aînée de nous revoir. Aujourd'hui, je la considère comme un otage.

Pourquoi vous raconter tout cela ?

Pour entretenir l'espoir. Pour dire aux parents dont un enfant est dans ce genre de communautés religieuses qu'ils doivent tout faire pour consolider le fil qui les relie encore à lui.

Parents, grands-parents, amis, soyez tous solidaires dans le respect de l'être qui vous est cher ! Mesdames et Messieurs du public, soyez conscients de votre rôle. Aux psychiatres, aux psychologues, je dis : “lorsque vous rencontrez quelqu'un qui est dans une de ces organisations, ravivez son esprit critique ! Faites-le douter !” Cela est interdit dans un mouvement sectaire, et c'est la seule façon de les faire grandir. Aux assistants sociaux : “Soyez conscients que votre aide en matière de besoins essentiels est indispensable ! Comment une victime pourrait-elle se rétablir sans logement, sans argent, sans travail ? Vous êtes la clef de son autonomie !” Aux pédagogues : “Votre rôle est important en matière de prévention. Soyez à l'écoute, observez, soyez vigilants, car vous prenez la relève des parents dès l'entrée à l'école !” Aux éducateurs : “Vous êtes des personnes de contact, voire même de référence, pour l'enfant, pour l'adolescent, qui cherche peut-être comment s'en sortir…” Aux juristes : “Faites respecter la loi ! Faites peut-être même changer la loi !” Aux politiques : “Les associations d'aide aux victimes ont besoin de vous pour faire bouger les choses.”

Merci à tous d'être là et de m'avoir entendue. »

Siggy n'a pas pu participer au colloque, son petit dernier est gravement malade. J'aurais voulu faire une courte visite à l'hôpital juste à côté, mais je n'en avais pas la force. Lorsque l'enfant décède, Jean-Marie et moi, armés d'amour et de courage, allons le retrouver au funérarium.

Il y a là le petit cercueil blanc et, tout autour, les dessins des autres bambins. J'imagine la scène que je n'ai jamais vue, mais que mon époux a dû vivre seul, lors de la perte de nos deux princesses. Secoué par l'instant et par le passé qui refait surface, mon mari demande une chaise et s'assied. Je pense à tout ce que Jean-Marie a enduré. Je lui suis tellement reconnaissante pour tout cet amour qu'il m'a donné. Je pense aussi à Armelle, qui avait cinq ans à l'époque. Comment a-t-elle vécu notre drame ? Quelle consolation a-t-elle trouvé ? A-t-elle seulement pu, à ce jour, faire le deuil de ses deux petites sœurs ?

Lors de cet événement tragique, Armelle avait été accueillie par une famille de Témoins. Ma fille m'a raconté que, quand elle avait demandé où étaient ses parents et ses sœurs, ils l'avaient réprimandée en lui disant qu'ils allaient la mettre dans la cave et que la licorne viendrait la manger. Bel encadrement psychologique pour une petite fille déstabilisée ! Je pense que, suite aux problèmes psychologiques que j'ai moi-même vécus à cause de tout cela, j'ai pu manquer à mon devoir de mère. Armelle, adolescente, a dû prendre ma place auprès de sa sœur Zhora. Elle, qui avait tellement besoin de repères à ce moment-là, a parfois endossé de lourdes responsabilités. Comment gérer ses sentiments de colère vis-à-vis d'un père qui ne sait plus quoi faire lorsque maman claque la porte en disant qu'elle préfère mourir ? L'ai-je seulement reconnue dans le rôle qu'elle a pensé devoir assumer ? Je ne l'ai jamais remerciée pour tout ce qu'elle a fait.

Pardon Armelle, pardon Zhora, mais je n'étais pas capable de comprendre. Il m'en aura fallu du temps !

*

* *

Le 14 février, je pars faire les soldes en ville avec une amie. Je vois tout à coup Armelle qui sort d'une rue perpendiculaire. Je suis complètement paniquée : comment dois-je réagir ?

En me voyant, elle ne fait pas demi-tour. À sa réaction, un sourire s'affiche sur mon visage. Elle vient vers moi et nous tombons dans les bras l'une de l'autre. Je la serre tellement fort qu'elle me dit que je lui fais mal. Je l'invite à boire un café. Elle refuse, prétextant des corrections à faire. Elle s'en va. Une fois de plus, La Règle a rattrapé ses sentiments.

Sous le choc, je rejoins mon amie dans un magasin et je me mets à pleurer, tout en m'excusant auprès des autres clientes. Ce temps de rencontre était si court. J'aurais tant voulu prolonger ce plaisir d'être avec mon enfant.

Toujours sous l'émotion, je rédige une nouvelle lettre à ma fille. Quand je la relis, un peu plus calme, je suis sidérée par mon emballement pour ces deux minutes passées avec elle.

Maman reçoit une jolie photo d'Armelle. Je l'aide à écrire une réponse à sa petite-fille :

« Chère Armelle,

merci pour la photo. On dirait une vedette. Comme tu es belle. Tu es fort occupée, mais j'espère que tu trouveras le temps de venir un jour.

Depuis que Jean est parti, je suis fort seule. Heureusement qu'il y a ta maman.

Je pense souvent à toi, tu me manques depuis septembre.

Grosses bises.

Ta Mémé qui t'aime. »

Ma Maman de 82 ans s'approche de la table avec son fauteuil roulant et recopie, lettre après lettre, ce que j'ai écrit. Elle souffre autant que moi de ne pas voir sa petite-fille.

Mes proches m'apprennent qu'Armelle aurait des problèmes financiers : elle n'a pas encore reçu son salaire de professeur. Je sais qu'elle a beaucoup d'amour-propre et qu'elle ne demandera pas d'aide. J'en parle à Jean-Marie et, après une courte réflexion, nous décidons d'apporter 250 euros à notre fille.

Elle refuse notre argent et les claques verbales commencent : elle ne viendra pas au mariage de sa sœur, elle en a marre de me voir à la télévision, j'ai sali ses Frères.

Je reste sans voix. Elle nous fait signe de partir en ouvrant sa porte. Mais dans la rue, elle me rattrape et m'embrasse. Je ne comprends rien à son comportement. Que se passe-t-il dans sa tête ?

Quand Zhora m'apprend que d'autres Témoins de Jéhovah habitent l'immeuble, je me dis qu'Armelle avait peut-être peur que ceux-ci l'entendent.

*

* *

Lors de la veillée pascale, Zhora est baptisée. Dehors, un grand feu est allumé, des cierges sont distribués aux paroissiens présents et une grande croix est couchée sur le sol. Celle-ci sera relevée pour symboliser la résurrection du Christ. Cette nuit, les catéchumènes, immergés avec Jésus dans la mort, ressusciteront avec lui pour la vie éternelle.

Zhora fait aussi sa première communion. Jean-Louis, le prêtre, lui demande de lui présenter l'hostie. Ma fille est toute surprise de cet honneur. Il dépose ensuite sur les épaules de Zhora un grand châle blanc qu'il lui donnera pour toujours. Le père de Bertrand devient son parrain. Clara, une de mes amies, est sa marraine.

Le mariage de Zhora et de Bertrand est prévu pour le 22 juin. Le week-end précédent, ma fille « brûle ses culottes » avec une bonne dizaine d'amies, parmi lesquelles des ex-Témoins de Jéhovah. Nous partons toutes pour le concert de Jean-Jacques Goldman. Je distribue à tout le monde des papiers où l'on peut lire : « JJG, je me marie samedi, mais je t'aimerai toujours ! » Le chauffeur de salle voit la scène et entraîne tout le public dans un tonnerre d'applaudissements. C'est cela, vivre !

Mais dans ce moment magique, je ne peux m'empêcher de me demander si Armelle sera présente au mariage. Elle est en principe la témoin de Zhora à la mairie.

Pour la mère de la mariée, la noce est une journée marathon : coiffeur, esthéticienne, fleuriste… Je pars chercher notre princesse. J'ai beaucoup d'émotion à voir ma fille s'envoler vers sa vie de femme. Mon appareil photo me permet de ne pas y succomber complètement.

Zhora m'annonce qu'Armelle sera des nôtres à l'apéritif. Comment vais-je gérer ma peur de commettre des impairs ?

En cours de route, Jean-Marie me téléphone :

– La voiture est une véritable ancêtre. Pour qu'elle tienne le coup, nous allons être obligés de prendre par la vallée. Nous ne serons pas chez Bertrand.

Je serai donc seule lorsqu'Armelle arrivera. J'ingurgite quelques gouttes de calmant pour atténuer mon angoisse.

Armelle sort d'une petite auto rouge. Je commence à trembler et mes jambes flageolent. « Courage, Michèle, courage, Seigneur aide-moi. » Après tout, j'ai affronté des choses bien plus difficiles que cela. Je me dirige vers elle. Elle est magnifique avec sa robe couleur or et ses cheveux noir jais.

– Armelle, comme tu es belle !

Je suis habillée en noir et blanc. Je porte un chapeau excentrique et le collier qu'elle m'a offert.

– Toi aussi, Maman, tu es belle.

Nous entrons à l'Hôtel de Ville. L'atmosphère est joyeuse. L'échange des consentements se déroule sous les applaudissements. Au moment des signatures, j'appelle Armelle pour la prendre en photo. Elle relève la tête et me regarde. Dans son regard, il me semble que pointe une certaine tristesse.

Jusqu'ici, tout s'est bien passé, mais mon cœur bat à tout rompre. À la sortie, je demande à mes filles de poser ensemble. Elles se serrent l'une contre l'autre. La photo est très belle : l'étreinte est réelle et cela se voit.

Nous partons maintenant vers l'église, où nous attend Maman. Jean-Louis nous accueille. Lorsque je lui apprends qu'Armelle est présente, il me dit de garder espoir.

Ma fille aînée s'éclipse : elle a reçu la clef de la maison des parents de Bertrand. Elle s'y rend pendant la messe. Isa remplace Armelle comme témoin. Caroline, l'amie de Zhora, est là et fait aussi une petite intervention. Elles ont ensemble traversé des moments difficiles, quand toutes deux vivaient une double personnalité.

À la sortie de l'église, des enfants jettent des pétales de fleurs. Nous allons ensuite vers la salle de réception où Armelle est déjà présente.

Le moment est venu de partir vers le parc pour les photos.

Armelle m'appelle :

– Maman, viens avec moi. Je t'accompagne. Je m'installe dans la voiture rouge avec tout mon matériel, en me demandant ce que je vais lui dire pendant le trajet.

– Tu es contente, Maman ?

– Oui, bien entendu !

Arrivées à destination, Armelle prend mon deuxième appareil et me photographie.

Nous sommes tous réunis à la salle de réception. Armelle est avec Jean-Marie :

– Comme tu es beau, Papa. Si je pouvais, je t'épouserais !

Je capture l'image. Quelqu'un prend mon appareil et nous photographie tous les trois. Le champagne aidant, le climat est à la détente. Je dis à Zhora d'embrasser sa sœur par surprise et je saisis l'instant sur la pellicule. Leurs sourires sont magnifiques.

Armelle nous quitte. Elle ne sera pas là pour le repas. Toujours La Règle : on ne mange pas avec des exclus ou avec ceux qui se retirent volontairement de la congrégation.

Ils parviennent une fois de plus à nous empoisonner la vie, même un jour de mariage. Le proche parent de Bertrand et son épouse, qui sont tous deux Témoins de Jéhovah, sont eux aussi absents.

La soirée commence. Je prends une photo des amoureux devant le coucher de soleil. De nouveaux invités arrivent.

Tous pensent que tout est redevenu comme avant, certains laissent même couler quelques larmes de joie.

Moi, je n'ose pas trop me réjouir : dans quelques heures, notre Armelle reprendra son identité d'« emprisonnée volontaire ». Après cette journée, je comprends pourquoi les contacts familiaux et amicaux sont interdits. Ces retrouvailles sont dangereuses : quand un adepte est replongé dans sa vie familiale, ses souvenirs d'enfance remontent à la surface et il retrouve sa vraie personnalité. En attendant, je n'ai même pas pu dire au revoir à ma fille et je ne sais pas si elle reviendra.

Le 7 septembre, nos enfants organisent un grand repas. Nous recevons un cadeau bien emballé : une BD, *Le Guide des Grands-parents.* Je ne comprends pas tout de suite. Dans l'album, il y a une petite carte :

« Un nouvel amour dans la famille ! »

Papé, Mouchka,

Nous pensons que vous attendiez cette nouvelle depuis un petit temps déjà. Alors, voilà !

Un petit… ou une petite… viendra agrandir la famille d'ici fin mars 2003.

Nous avons préféré attendre l'échographie d'hier pour vous annoncer cette bonne nouvelle.

Ce 7 septembre 2002, à 9 semaines et 1 jour, notre petit bout adoré mesure 4,2 cm.

Nous espérons de tout cœur que cette nouvelle vous enchante autant que nous ! »

Quel bonheur : nous allons être grands-parents ! Un petit à chérir ! C'est un merveilleux cadeau. Merci les enfants !

Bien entendu, nous continuons l'aide aux victimes.

Mais le médecin m'a conseillé avec insistance de ralentir le rythme de mes activités.

Nous passons Noël chez les enfants. Le ventre de Zhora s'arrondit.

Chapitre XIII

Et maintenant ?

Fin janvier, je prends la liberté d'envoyer une carte à Armelle. C'est bientôt son anniversaire.

« Mercredi midi – 3, 815 kg – 52 cm : c'est une belle petite fille !

Couchée dans mon lit, je suis heureuse malgré trois jours en chambre de travail, une naissance sous perfusion et un accouchement provoqué à sec. Maman s'évanouit lorsqu'elle apprend qu'elle a une petite-fille qui comblera le vide laissé par Papa, qui nous a quittées il y a peu. Plus tard, Jean-Marie nous apporte un magnifique bouquet de lys. Il trouve que tu as de jolies oreilles et dit en riant qu'il t'a faite par correspondance ! Lorsque nous nous retrouvons seules, tu serres très fort mes index avec tes petits doigts ; nous partageons des moments de tendresse intense. Je te remercie d'être là, cadeau de la vie, et te murmure tout bas que toujours je serai près de toi, où que tu sois. Il en est aujourd'hui toujours ainsi.

Maman. »

Quelques jours plus tard, Val, la fille de ma cousine Christiane, croise par hasard Armelle dans la rue. Elles prennent rendez-vous pour passer une soirée ensemble. Entre-temps, Val, qui est venue me rendre visite et qui a vu sur la table la carte destinée à Armelle, m'a proposé de la lui donner lors de leur rencontre.

L'entrevue des deux petites-cousines se déroule relativement bien. Lorsque, avant de partir, Val remet la carte à Armelle, celle-ci prend ce rendez-vous comme un traquenard. Val, qui ne s'attendait pas à cela, commence à pleurer et lui explique les circonstances. La carte reste sur la table. Val veut la reprendre, puisqu'Armelle a laissé entendre qu'elle finirait à la poubelle.

Ma fille refuse, s'empare de la carte et la glisse dans un tiroir. Elle mentionne qu'elle la lira peut-être un jour, dans dix ans ou plus.

*

* *

Je m'investis toujours dans mon projet de livre. C'est psychologiquement très difficile. Je retourne souvent voir mon médecin traitant et ma psychologue.

Le 3 février, je participe de nouveau à une émission de télé, sur le thème « Faut-il craindre les sectes ? » D'autres victimes de différents mouvements sont présentes sur le plateau. Alors que le débat est presque terminé, le présentateur me cède une dernière fois le micro. Je sais qu'Armelle regarde uniquement cette chaîne. Se donnera-t-elle la liberté d'écouter l'émission ? Je tiens à laisser, au travers de mes paroles, un témoignage d'amour et de respect de ses convictions :

– Si une personne souhaite revenir à la vie…

– Vous lancez un message ?

– Oui… Que la famille l'accueille, qu'elle lui tende les bras. C'est une partie du sauvetage. Il y a bien sûr les thérapeutes qui apportent une aide capitale, mais il est aussi très important que l'entourage se montre tolérant et accueillant. C'est une bouée que la famille va donner à la victime. Lorsqu'on s'est « suicidé » pendant un certain nombre d'années, il y a ces barreaux dans la tête qu'on ne sait pas enlever. Il faut tendre la main et il faut aimer, laisser une porte ouverte, je crois que c'est indispensable pour revenir à la vie.

– Très bien, ce sera le mot de la fin. »

Durant les jours qui suivent, je reçois des témoignages de victimes : elles n'ont même plus la possibilité de porter plainte, le temps s'est écoulé, il est légalement trop tard. Elles sont marquées à vie par les abus et la manipulation. Ce sont aujourd'hui des malades sans recours. Il serait nécessaire que l'adepte soit reconnu comme victime et que le législateur lui laisse le temps : il faut d'abord digérer ce qui est arrivé avant de pouvoir mener une action en justice.

Notre petite-fille naît le 28 mars. Nous partageons tous ce bonheur autour d'un verre de champagne. Nous invitons Armelle au restaurant. À notre grande surprise, elle accepte. Le jour où Zhora sort de la maternité, je passe chercher Armelle en ville et nous retournons ensemble à l'appartement de ma cadette.

Avant de partir, je vais aux toilettes. Paniquée, Armelle demande à Zhora où je suis. Pensait-elle que je la quitterais sans l'embrasser une dernière fois ? Je sais que l'eau coulera beaucoup sous les ponts avant que j'aie une nouvelle chance de la revoir.

Le baptême de la petite est fixé au 20 juillet. Une fois encore, la famille est réunie, mais il manque, bien sûr, Armelle.

Zhora et Bertrand ont acheté une maison. Pendant le mois d'août, nous nous occupons des travaux d'aménagement.

Armelle fait une visite surprise à sa sœur. En la voyant, je suis prise d'angoisse. Elle accepte que je fasse quelques photos d'elle avec la petite. Elle part en demandant à Zhora de la prévenir s'il y a des exclus chez elle quand elle reviendra.

Alors que nous sommes en vacances dans la Drôme, non loin de chez Lucille, Armelle vient chez nous reprendre des vêtements. Zhora lui a donné la clef. Elle nous laisse un petit mot sur la table :

« N'en voulez pas à Zhora, ne m'en voulez pas non plus, s.v.p. »

À notre retour, nous lui écrivons :

« Armelle,

Bien entendu, nous t'avons autorisée à venir reprendre tes affaires, mais nous t'avions demandé que cela se fasse en notre présence. Cela fait deux fois que tu viens ici alors que nous sommes en vacances. La première fois, Zhora nous a demandé la permission de te donner la clé et toi, tu n'as rien trouvé de mieux que d'écraser la Fiat contre un mur et, pire encore, de repartir sans un mot d'explication ou d'excuse. Il y a des limites à ne pas dépasser, cela fait partie du respect que l'on accorde à autrui.

Cette fois, Zhora a été prise au dépourvu. Les années de séparation qui viennent de s'écouler nous ont apporté tant de souffrances que l'espoir si fragile de renouer avec toi lui a fait perdre la raison. Elle te voit plus souvent que le reste de la famille, reçoit une carte de toi lorsque tu t'en vas et elle souhaite maintenir ce lien.

Certes, le temps permet de cicatriser les blessures, mais ne vaut-il pas mieux crever l'abcès le plus rapidement possible et aplanir les conflits ? Plus le temps passe, plus il devient difficile de renouer le fil du dialogue. Laissons de côté notre orgueil, notre rancune et notre susceptibilité, montrons-nous imperméables aux ragots et expliquons-nous une bonne fois afin de lever les malentendus.

Nous espérons que tu auras lu cette lettre et que nous pourrons nous retrouver bientôt pour redémarrer nos relations sur de bonnes bases.

Avec notre amour et nos bons baisers.
Tes parents. »

Comme d'habitude, nous ne recevons pas de réponse.

*
* *

À la Toussaint, nous allons au cimetière où sont nos petites, avec une vasque de fleurs. Nous nous rendons compte que les dates de naissance et de décès de nos enfants ne sont même pas inscrites sur leur tombe. Il nous a fallu sept ans pour nous en apercevoir ! Nous réalisons à quel point nous étions sous emprise.

Nous voulons modifier ce monument, car, tel qu'il est, c'est en quelque sorte comme si nous faisions encore de la publicité pour les Témoins de Jéhovah.

Malgré les demandes d'Armelle, transmises par Zhora, de ne plus passer par les médias, il est impossible pour moi de me taire. Je sais très bien qu'en m'arrêtant, je me soumets une fois de plus à l'Organisation. Je suis comme je suis : une citoyenne qui souhaite prévenir les autres.

Au début de l'année 2004, je suis invitée à une émission radio pour témoigner dans « Quand les jeunes s'en mêlent ». Lorsque je parle de mon vécu, ma voisine ne peut contenir ses pleurs. Je reste cependant sereine.

Il y a du progrès depuis « C'est mon choix ».

Le 23 janvier, le jour de l'anniversaire de la mort de papa, Zhora m'appelle pour me dire que, lors d'une de ses visites, Armelle lui a appris que le mari d'une de mes amies « d'autrefois » est hospitalisé. II a contracté une septicémie si grave qu'on aurait dû lui couper les mains et les pieds. Je téléphone aussitôt à cette connaissance pour la réconforter.

Au supermarché, je reçois un message vocal d'Armelle :

« Ce serait un grand service que tu me rendrais de laisser mes Frères et Sœurs tranquilles. Je crois que tu as suffisamment d'amis maintenant que pour ne pas embêter les gens faisant partie de mon peuple. Merci. »

Une fois de plus, je reçois une paire de claques. Ce n'est tout de même pas eux qui m'empêcheront de manifester envers qui que ce soit des sentiments sincères en pareilles circonstances.

Le mari de mon amie décède quelque temps après, sans que j'aie pu le revoir. Je fais envoyer une couronne de roses rouges, qui sont pour moi le symbole de l'amour.

Quelques jours plus tard, je participe à l'émission « Merci pour l'info », sur Canal+, sur le thème « Les sectes au chevet des sinistrés ».

En février, Armelle annonce sa visite. Elle doit venir chercher un des meubles que sa grand-mère nous a cédés. Nous avons accepté de le lui donner à la simple condition qu'elle nous dise merci. Nous sommes aussi d'accord de lui laisser un ordinateur que nous avons en réserve.

Je me prépare à sa venue en parlant une nouvelle fois avec ma psychologue.

Armelle arrive en camionnette avec un de ses amis que nous connaissons très bien. Alors que Jean-Marie sort pour l'accueillir, je reste étendue sur le sofa. J'ai décidé de ne pas en bouger : je marque ainsi ma désapprobation quant à son irrespect lors de nos derniers contacts. Lorsqu'ils entrent, son ami vient m'embrasser. Avec distance, elle me salue quand même. Nous lui donnons des nouvelles de Maman, qui attend ses visites avec patience.

Quand Armelle s'en va, je ne l'accompagne pas. Pendant tout ce temps, elle ne s'est pas inquiétée de notre santé. Elle ne nous a même pas remerciés.

Dans les semaines qui suivent, Armelle prend contact avec Jean-Marie pour lui parler de la gestion de son compte en banque. Ils décident de prendre un café ensemble. Lors de cette rencontre, elle lui pose des questions sur notre vie sentimentale. Armelle aimerait trouver quelqu'un.

Jean-Marie lui conseille de regarder un peu autour d'elle, parmi ses collègues de travail par exemple. Mais ce qu'elle souhaite, c'est un « Frère » qui deviendra son mari.

Un autre jour, ils vont manger dans un petit restaurant non loin du bureau de Jean-Marie. Près de l'entrée est assis un ancien d'une congrégation que nous avons fréquentée assidûment. Mon mari dit à Armelle :

– Changeons d'endroit. Je ne voudrais pas que tu aies des

problèmes.

– Pourquoi des problèmes ? Tu es mon Papa.

Je suis très contente quand Jean-Marie m'explique cela, mais en même temps, cela me fait mal, car, pour ma part, je reste sans nouvelles d'elle, sans contact, punie plus que probablement pour mes interventions dans les médias.

*

* *

Peu après Pâques, Maman fait un coma diabétique : elle doit être hospitalisée pendant trois semaines. Nous craignons une fois de plus qu'elle ne nous quitte. Maman a perdu ses repères et est prise d'hallucinations. Elle est persuadée de s'entretenir avec ses deux frères décédés et ne nous reconnaît plus. Nous communiquons sa situation à Armelle qui vient la voir le 6 juin.

Nous nous retrouvons tous les trois pour partager un repas dans un restaurant italien. Nous parlons de son travail, de Zhora, de notre petite-fille qu'Armelle adore, de son point de vue sur la vie à deux et de sa recherche d'un compagnon.

Le 4 septembre, nous voulons saluer les enfants avant notre départ en vacances. Lorsque je téléphone à Zhora pour la prévenir, elle me signale qu'Armelle est chez elle. Je lui demande si cela ne la dérange pas que je passe.

– Cela fait longtemps que Maman ne m'a plus vue. Qu'elle vienne.

Nous nous embrassons comme s'il n'y avait aucun problème, comme si nous nous étions croisées la semaine précédente. Mais je me tiens à distance : je n'ai pas envie de souffrir. Au restaurant, Jean-Marie offre le repas et Armelle propose de payer les boissons. À ce sujet, ma fille me confie qu'elle boit beaucoup d'eau.

– Facilement quatre litres par jour.

– Tu devrais faire des tests pour vérifier que tu ne fais pas de diabète. Tu sais que Maman est diabétique, peut-être as-tu hérité de cette maladie.

– Mais il y a une partie de mes racines que je ne connais pas.

– Ce n'est pas un problème. Si tu as besoin de renseignements, je peux t'aider.

Le soir même, je fais le nécessaire pour qu'Armelle puisse entrer en contact avec son père biologique. Nous atterrissons le lendemain à Tenerife. Le jour suivant, tôt au matin, je reçois un message vocal d'Armelle : elle veut absolument retrouver son géniteur.

Je ne lui ai jamais rien caché sur ses origines, en adaptant bien entendu chaque fois mes propos à son âge, mais les années ont passé et les occasions de se parler sont devenues presque inexistantes.

Armelle m'envoie un autre message :

« Je veux qu'il te demande pardon avant sa mort, Maman,

pour nous deux. J'espère ne pas réveiller de vieilles blessures chez toi parce que je t'aime. »

Ce « je t'aime » tant attendu ! Nous sommes le 8 septembre 2004, il est 7h27. Une pluie de diamants me tombe dessus.

J'envoie une carte postale à Armelle, mon mari y joint une lettre :

« Ma grande,

Je viens d'apprendre par Maman que tu es prête à faire des recherches pour retrouver ton père. Sois prudente et vigilante. Si tu as besoin de moi, sache bien que je peux être ton « garde du corps » et que je me tiendrai à la distance que tu souhaiteras. »

Il me dit qu'il est prêt à accompagner Armelle, même en dehors de nos frontières. Quel amour pour un papa adoptif !

Le lendemain de notre retour à la maison, nous sommes contactés par un journaliste de France 3 pour l'émission de Marc-Olivier Fogiel, « On ne peut pas plaire à tout le monde ». Jean-Marie accepte d'aller témoigner. Il sait que je suis fatiguée de répéter sans cesse ce qui me fait tant souffrir. Il est prêt à prendre la relève.

Nous avons à peine raccroché que nous recevons encore un coup de fil, d'une autre chaîne cette fois. Ils souhaitent faire une émission sur la difficulté de vivre l'exclusion, notamment celles des parents qui ne voient plus leurs enfants suite à leur rupture avec une communauté religieuse.

Le 29 novembre, le magazine télévisé est diffusé. Jean-Marie y témoigne seul. Il s'exprime clairement et posément :

– Lorsque nous avons quitté les Témoins de Jéhovah, une de nos filles, qui est majeure, y est restée. La séparation avec elle a été totale : elle ne peut pas venir nous voir, elle ne peut pas partager de repas avec nous… C'est une prise d'otage. Notre fille n'a même pas l'autorisation d'ouvrir les lettres que nous lui envoyons.

*

* *

Le 1er décembre, je suis chez Zhora avec notre petite-fille, quand le téléphone sonne. Je décroche. C'est Armelle.

– J'aimerais connaître la pointure de la petite. Je voudrais lui acheter des bas et des chaussettes.

Je la rappelle après avoir vérifié la pointure sur les chaussures.

– Maman, j'ai quelque chose à te dire : j'ai déjà téléphoné à Papa, je dois le voir ce midi. Ce soir, je rencontre mon père biologique. Je désire que tu saches que je t'aime et que ce n'est pas que pour moi que je fais ça. Je t'aime, Maman.

J'ignore ce qui s'est dit ensuite. Après avoir raccroché, je m'effondre, en larmes. Je suis tellement inquiète.

Au téléphone, Jean-Marie me confirme les propos d'Armelle :

– Ils se rencontrent à 18 heures dans une taverne de la place. Je serai là.

Je le remercie pour tout ce qu'il fait pour notre fille.

Quand je retrouve mon mari, il me raconte qu'il était assis à une table derrière eux. Il les surveillait en faisant semblant de lire le journal.

– Lorsqu'elle est entrée dans la brasserie, elle m'a fait un clin d'œil. Alors, Pino est arrivé, l'air très relax, souriant, et il l'a embrassée. Cela m'a fait très mal. Je suis allé au comptoir et j'ai reçu un appel téléphonique d'Armelle qui était aux toilettes. Elle m'a dit que tout se passait très bien et que je ne devais pas m'inquiéter. Je lui ai répondu qu'elle pouvait venir nous retrouver le rendez-vous terminé.

Armelle nous rejoint. Elle est souriante. Nous nous étreignons tous les trois. Elle s'accroche au cou de Jean-Marie :

– Merci Papa d'être ce que tu es.

Nous comparons ensemble ce que Pino a dit et ce que j'ai réellement vécu. Nous nous quittons, père, mère et fille unis.

Le lendemain, Armelle me laisse un message, me demandant de la rappeler : elle vient d'apprendre que Jean-Marie a témoigné à une émission en parlant d'elle. Pendant deux heures, nous mettons les choses au point. Je lui explique que Jean-Marie a pris le relais parce que je suis épuisée. Je la préviens que je n'abandonnerai pas mon projet de livre et que ce sera mon dernier témoignage.

– Si Papa le souhaite, qu’il continue, mais, s’il vous plaît, qu’il ne parle plus de moi.

Je pleure beaucoup, car elle ne semble pas comprendre nos motivations. Je lui confirme aussi ce que j’ai dit à l’émission: qu’elle reste dans l’Organisation si c’est son bonheur.

– Ton problème est comparable à celui d’un alcoolique : ce n’est pas le conjoint qui souffre qui lui fera arrêter la bouteille.

– C’est tout à fait différent !

– Tu ne te rends pas compte de l’emprise qu’ils ont sur toi.

– Tu parles tout le temps de ta souffrance… Et la mienne alors ? Où était la maman qui, lorsque j’étais petite, m’aurait préparé mon bassin pour me laver, m’aurait conduit à l’arrêt de l’autobus en chantant avec moi, se serait relevée la nuit pour me consoler quand je faisais des cauchemars ?

– Armelle, je t’en prie, je sais que je n’ai pas toujours été présente pour toi, mais n’oublie pas que le chemin que j’ai devant moi est plus court que celui que j’ai déjà parcouru.

L’abcès est crevé, mais pas encore guéri.

Début décembre, je reçois un message. C’est Armelle. Je suis tellement paniquée que je me sens incapable de le lire. Zhora me prend le portable, me sourit et me dit :

« Merci d’avoir foutu le camp, merci d’avoir épousé Papa, un être d’exception, et merci d’avoir fait de moi quelqu’un de convenable. Bon week-end. »

Quelques jours plus tôt, Armelle a rencontré une fille de son géniteur.

Je pleure dans les bras de Zhora.

Nous voici donc à la case départ. Il ne me reste plus qu'à reprendre courage, à avoir confiance dans la vie et à ne pas faire trop de plans. Je sais que, après ce qu'elle vient de découvrir, Armelle est attachée à nous et qu'elle nous aime.

*

* *

Le jour de la Saint-Valentin, le téléphone retentit. Jean-Marie décroche : c'est la maison de retraite. Mon sang se glace. Maman nous a quittés. Mes jambes me lâchent, je tombe assise sur le lit. Les sanglots restent au fond de ma gorge.

Après avoir appelé Zhora, je surmonte mon angoisse pour téléphoner à Armelle et lui annoncer la triste nouvelle.

Quand elle arrive, Armelle vient pleurer dans mes bras. Une dernière fois, Maman a fait le nécessaire pour nous réunir. De là-haut, avec Papa, elle doit être heureuse de voir la famille rassemblée, même dans de telles circonstances. Dans les moments douloureux que nous vivons, nous retrouvons la « vraie » Armelle.

Tout espoir semble permis.

Le jour de l'enterrement, à l'église, Zhora lit un texte magnifique qu'elle a écrit. Bien entendu, ma fille aînée n'est pas présente à la messe, mais elle nous accompagne pendant le restant de la journée et au cimetière. Quand nous la reconduisons, elle nous invite à entrer chez elle. J'hésite, sachant que le bâtiment est occupé par certains de ses Frères et Sœurs spirituels, mais Armelle insiste. Nous avons, pour la première fois, le bonheur de voir son petit nid. Elle nous laisse un espoir de la revoir en disant qu'elle viendra trier les cartons de Maman à la maison avec Zhora, pendant les vacances d'été. J'avoue que je n'y crois pas trop : ce serait trop beau.

Lucille passe chez nous avec ses deux filles pendant le congé de carnaval. Malheureusement, nous avons peu de temps à lui consacrer, car les journalistes de « Ça se discute » sont à notre domicile tout le week-end en vue d'un reportage sur les manipulations mentales. Le dimanche, nous nous rendons avec les reporters sur la tombe des petites. Nous leur expliquons que nous avons remarqué il y a peu que les dates de naissance et décès n'étaient pas inscrites. Chez les témoins de Jéhovah, une seule chose comptait : rendre témoignage par un verset biblique relatif à la résurrection.

*

* *

À la fin du mois de mai, Armelle sollicite l'avis de Jean-Marie : elle souhaite quitter son logement et a besoin de conseils juridiques.

Le 6 juin, nous allons tous les trois visiter les appartements que ma fille a sélectionnés. Le soir même, nous recevons un SMS :

« Merci encore pour le temps que vous avez pris pour moi aujourd'hui. »

Armelle tient sa promesse et vient chez nous trier les affaires de Maman. Par l'intermédiaire de Jean-Marie, elle me fixe rendez-vous le 11 août à 8 heures dans une brasserie. Elle veut me parler. Cette fois, je suis tout à fait décidée à quitter l'établissement si elle commence à m'accabler de reproches.

À 8h31, je suis assise au lieu de rendez-vous, devant un café, quand je reçois un message :

« Risque d'avoir quelques minutes de retard. »

Je prie pour trouver la force et le courage.

Lorsqu'Armelle entre, elle est souriante. Elle s'approche de moi pour m'embrasser. Mais dès qu'elle est attablée, elle met immédiatement les pieds dans le plat :

– L'enregistrement chez Delarue, c'était avant ou après notre conversation ?

Sans réfléchir, je réponds « avant ». Cela n'a pas d'importance : ce qui est prioritaire, c'est la paix entre nous. À ce moment, elle me dit ces mots qui resteront gravés dans mon cœur.

– Tirons un trait.

Ensuite, elle me parle avec de nombreux détails du garçon qu'elle a rencontré dans une congrégation anglophone des

Témoins de Jéhovah : il est originaire d'Inde et ses parents sont sikhs.

Le dimanche 27 août, après avoir passé le week-end aux Pays-Bas pour mon anniversaire, Jean-Marie et moi retrouvons les enfants chez Zhora. Armelle est accompagnée. Le jeune homme, très correct, s'entretient avec mon mari. Pour ma part, la peur d'être rejetée et de souffrir à nouveau me tient à l'écart des discussions. Armelle et son compagnon m'autorisent à faire quelques photos. J'arrive à lui dire que, lorsqu'il se sentirait prêt, s'il le souhaitait, il serait le bienvenu chez nous.

Pendant les jours qui suivent, nous prêtons main-forte à Armelle pour l'aménagement de son nouvel appartement. Elle me demande de l'accompagner pour choisir des appareils électroménagers, pendant que Jean-Marie lui installe la salle de bains. Je l'aide aussi à monter des meubles en kit, à faire les rideaux… Armelle est pleine d'attentions pour nous ; elle nous prépare de bons petits plats, le soir, sur la terrasse, elle couvre mes épaules d'un pull… Mais malgré toutes ces preuves d'affection, Jean-Marie et moi doutons encore.

Lorsque tout est terminé, Armelle nous raccompagne au rez-de-chaussée, en nous souhaitant d'excellentes vacances. Elle demande que nous lui passions un appel en absence pour lui signaler que nous sommes bien rentrés à la maison.

Après le coup de fil sollicité, Armelle me renvoie un message :

« Vous m'envahissez. Vous êtes gentils, mais vous

m'envahissez. J'étouffe. Laissez-moi respirer. »

Interloquée, je regarde Jean-Marie et je jette le téléphone sur la table.

– Elle est folle, qu'est-ce qu'il lui prend ?

Je mets ce comportement sur le compte de la fatigue et nous allons nous coucher.

Le lendemain matin, le 16 septembre 2005, jour de notre départ en vacances, je découvre un long message qu'Armelle a envoyé pendant la nuit :

« Je ne sais pas ce qui te fait penser à des "retrouvailles". Je t'ai fait part de ce que je pensais devoir te dire, mais je n'aurais jamais dû accepter ton aide puisque rien n'est gratuit chez toi. Tu te permets d'utiliser ton pouvoir pour envahir ma vie de sentiments que je ne veux pas et qui me rendent malade. Je me porte bien quand TU N'ES PAS DANS MA VIE. Alors, puisque la situation ne peut pas changer et que j'aimerais vivre quelques années de bonheur et CONSTRUIRE ENFIN MA VIE, tu dois en sortir. Je ne PEUX PAS TE VOIR ET CONTINUER DE RESPIRER. TU M'ÉTOUFFES. Je sais que tu ne comprendras pas et que tu feras tes caprices comme d'habitude, mais ça m'est égal. Tu m'as fait trop de mal pour que je continue à te laisser faire. »

La situation est complètement retournée. Je suis certaine qu'elle a reçu une visite des Anciens, qui l'ont obligée à écrire ce message.

Totalement abattus, nous envoyons un mail à nos amis Jean-Pierre et Sonya Jougla, qui nous répondent aussitôt :

« Très chers amis,

Votre désappointement est grand, mais il ne faut pas désespérer. Il faut penser que l'adepte est comme un adolescent permanent : il croit avoir découvert la liberté et il ne supporte aucune influence de la part de ceux qu'il vit comme privatifs de celle-ci. C'est donc pour vous un long travail de mise en confiance qui ne peut se faire qu'au fur et à mesure que votre fille amenuisera son identification aux Témoins de Jéhovah. Elle vit un conflit entre le retour vers vous, qu'elle a commencé, et le maintien dans le système de valeurs de l'Organisation. Vous connaissez mieux que personne ce système et vous n'ignorez pas que vous représentez le diable. Chaque "excès" d'amour et d'affection de votre part risque d'être vécu, comme votre fille vous le dit, comme un étouffement. C'est bien difficile d'entendre ça, mais rappelez-vous les raisons pour lesquelles vous êtes rentrés dans ce "paradis" à l'époque. Vous n'étiez pas à même de supporter le contact avec les gens de l'extérieur. Il faut du temps. Et encore plus de temps pour elle, dans la mesure où vous êtes, à leurs yeux, des transfuges, des apostats, et, avec votre engagement, des ennemis. Ça doit être bien dur pour elle de vivre ce conflit. Aussi dur que pour vous de vivre ce rejet actuel. Mais c'est à elle de faire le chemin vers vous. Il faut lui laisser son rythme et, de votre côté, il ne faut surtout pas manifester trop d'exubérance comme si vous viviez le retour de l'enfant prodigue.

Vous avez su l'attendre jusqu'à présent. N'allez pas trop vite : gardez l'amour et surtout ne répondez pas en vous justifiant.

Il est certain que les Témoins de Jéhovah sont derrière son attitude, bien évidemment. Ils l'utilisent comme un pion, mais elle ne peut absolument pas s'en rendre compte pour l'instant.

Sonya et moi nous vous embrassons bien amicalement. »

Nous partons en vacances avec ce terrible poids, en espérant que nous pourrons mettre plus tard les choses au point avec notre fille.

Le mois qui suit, Armelle envoie un mail à Jean-Marie qui lui a demandé de s'expliquer. Elle m'y décrit comme une mère qui a tout raté, une mère manipulatrice, égoïste, qui lui a laissé la lourde charge de s'occuper du ménage, de sa sœur, de sa grand-mère…

Elle ne se rend toujours pas compte de l'état dans lequel je me trouvais alors : en pleine dépression, incapable de me laver, de me nourrir, pleurant à longueur de journée, consultant le psychiatre deux fois par semaine, certaine que la seule façon de rendre le bonheur à ma famille était de mourir.

J'envoie à ma fille un dernier message :

« Si je dois sortir de ta vie, j'en sortirai tout à fait. »

Je considère ce geste comme une dernière preuve d'amour

et de respect de son désir.

Accablée et culpabilisée, je lui envoie encore un autre message le 12 décembre : « Voilà deux mois depuis mon message, comment vas-tu ? As-tu vu un médecin ? Et ton ami ? Tu peux ne pas répondre. Je t'ai dit que je sortais de ta vie, mais pas que je t'oubliais. Maman. »

Toujours sans réponse, je lui envoie un message le 31 janvier, le jour de ses 33 ans :

« 31.1.1973 – 12h. Bonheur. Mam. »

Aucune réaction.

*

* *

En 2006, la Cour d'appel jugera que les écrits relatifs aux exclus ne sont pas de « simples réflexions » laissées à l'appréciation des adeptes, mais des « consignes » susceptibles de constituer une discrimination, et que le fait de débattre en justice des conséquences de ces consignes n'était pas une atteinte illégale à la liberté religieuse.

*

* *

J'attendrai : il me reste encore tant d'amour… Cela sera difficile pour ma fille lorsqu'elle ouvrira les yeux.

Ce sera alors une tempête dans son esprit et dans son

cœur, mais, si elle le souhaite, nous serons là.

*

* *

Dès que la campagne de presse que nous avions menée, il y a deux ans, pour dénoncer les abus fut terminée et, après avoir pris des vacances bien méritées, j'ai enfin décidé de prendre soin de moi. N'y avait-il pas deux problèmes que j'avais laissés de côté depuis trop longtemps ?

Ainsi, lors d'une consultation chez un rhumatologue et après quelques examens médicaux, il diagnostiqua de l'arthrose et de la fybromialgie. Ceci expliquait mes douleurs à la nuque, aux mains… qui m'empêchaient de plus en plus de suivre le train-train. De plus, le sommeil était perturbé, le stress permanent et une grande fatigue aggravaient même mon état psychologique. Alors, pour me faciliter l'existence, mon cher mari décida de transformer le rez-de-chaussée de notre maison. Soit, un an de travaux !

Je me suis rendue à une autre consultation médicale, chez une gastro-entérologue qui, à la lecture de radiographies, me déclara :

- Chère madame, je ne puis plus rien faire pour vous ! Il va falloir consulter un chirurgien…

Elle me parla aussi d'un « passage tel une racine de radis reliant l'œsophage à l'estomac » et « qu'il n'était plus question de dilatation quel qu'elle soit. »

Rapidement, j'ai appris qu'il s'agirait d'une opération très particulière… jamais réalisée !

Si j'avais confiance, néanmoins il était dans mon intention de demander un prélèvement de sang au cas où…

Le 23 septembre, je suis rentrée à l'U.C.L. (Université Catholique de Louvain) où deux chirurgiens m'opérèrent durant cinq heures. Ils refermèrent l'estomac qui n'avait que quatre millimètres d'ouverture, créèrent une anse grêle pour les sucs gastriques et relièrent l'oesophage à l'intestin grêle. Il paraît qu'ils ne purent rien faire pour le « méga œsophage ». Bref, je dus réapprendre à manger comme un bébé.

Bien que mise au courant par Zohra, ce fut le silence du côté de ma fille Armelle !

Il me fallut de longs mois pour me remettre car j'avais perdu quelque vingt-cinq kilos ainsi qu'une bonne partie de mes cheveux. J'étais épuisée. Tout ceci eut pour conséquence, que je me rendis auprès d'un physiothérapeute devant qui je me suis effondrée en larmes.

Le jour même, il me dirigea vers une clinique de la douleur d'où je fus guidée vers le service dit de la douleur chronique. J'y fus prise en charge par un psychiatre qui me fit hospitaliser dans la section « psychosomatique ». Je n'allais pas fêter Pâques avec mes enfants et mon mari…

Mais, à nouveau, le problème avec Armelle me submergea et je me mis à consulter des psys…

Une psychologue était jeune et très peu compréhensive, quant à la psychiatre, elle me dit lors de ma dernière consultation :

- Imaginez que vous habitez avec vos enfants chez grand–mère. Puis, vous décidez de prendre un autre logement. Que vont faire les enfants, tous deux majeurs ? L'un va vous suivre, ou prendre aussi son envol, l'autre est tellement bien chez sa grand-mère, qu'elle y restera. Grand-mère s'occupait de tout, avait réponse à tout… et l'enfant préféra, sans s'en rendre compte, la dépendance. Vous n'y pouvez rien, il est majeur !

Ces mots me firent du bien, mais avec le temps ma souffrance de l'abandon refit surface.

Depuis le baptême post mortem de nos deux princesses, le prêtre, un ancien témoin de Jéhovah, nous proposa de régulariser notre situation, car nous vivions dans le péché !

Pourquoi pas, n'est-ce pas ? Mon cher maria décida de faire annuler son premier mariage et, enfin après de très nombreuses entrevues à l'Evêché, nous avons reçu une réponse positive : nous allions nous marier devant Dieu le 31 août. Ce n'est pas que nous assistions régulièrement à la messe, non car nous nous remémorions des souvenirs que nous préférions laisser dormir.

Nous avons toujours essayé de suivre les « bons » enseignements envers notre prochain et d'avoir la conscience en paix, mais, pour se marier devant Dieu, effectivement, il fallait passer par l'église ! Cela faisait trente-trois ans que nous sommes ensemble…

La fête fut une réussite avec un soleil magnifique, des amis chaleureux… Un vrai bonheur !

En un mois et demi, j'avais tout orchestré, que du bonheur ! Nos petits-enfants furent les enfants d'honneur, et, fait assez rare, notre fille Zohra fut le témoin de son papa !

Nous avions envoyé un faire-part à Armelle, mais ce fut le silence radio. Nous comprenions, mais il manquait quelqu'un de cher à notre fête…

Le 29 septembre, nous avons participé avec nos amis lillois à la manifestation contre les abus sur les enfants par certains membres de l'organisation.

Abus non sanctionnés s'il n'y avait pas deux témoins.

Bill Bowen, un ancien témoin de Jéhovah, nous accompagna. Il a fondé une association d'aide à ces victimes leur permettant via Internet de déposer leur malheur. Cette association a pour nom « Silent Lambs ».

Un grand reportage débuta, mais je ne voulais plus témoigner, néanmoins j'espérais encore rétablir une toute petite communication avec Armelle. L'émission « Devoir d'enquête » diffusée le 23 septembre était très complète, avec d'excellents témoignages de jeunes ayant quitté l'organisation alors qu'ils y étaient nés. Leurs difficultés passées et présentes y furent abordées de manière poignante.

Il y eut, aussi, un événement dont il me fallait absolument vous parler. L'une de mes belles-sœurs surfa sur le net et tapa le nom et le prénom de notre fille aînée. Quand on n'a plus de nouvelles, on tente par tous les moyens d'en obtenir !

Deux postes parlèrent d'elle au travers de ses activités professionnelles et dans un « carnet rose » nous apprenant, avec surprise, qu'Armelle s'était mariée le 27 juin !

Le téléphone chauffa entre mon mari et ma sœur et, immédiatement, il fit des recherches. Mais, pour ne pas m'accabler, il ne me parla de rien durant des mois, alors qu'Armelle lui donna un rendez-vous pour le 7 avril à midi.

Dans une taverne, Armelle lui présenta son futur mari, ancien de congrégation. Son papa lui écrivit une lettre. En voici un extrait :

« *Tu m'as dit que tu désirais que je l'apprenne le premier.*

Bien que cette intention m'ait fait plaisir, le reste de l'entretien me laisse croire que cette rencontre a été voulue pour une demande expresse et avec grande insistance que les époux Bastin, parents de Vinciane ne soient pas à ce mariage, ce qui d'après vos dires « gâcherait la journée ». Belle attitude aimante pour les cheveux gris de ses parents.

Je vous ai signalé que nous désirions assister simplement à la cérémonie officielle à la Commune pour pouvoir aussi prendre un cliché afin de le placer dans notre salon avec celui de nos autres enfants, ce qui est chose normale pour des parents.

J'ai eu beau rappeler que de part et d'autre une peine immense existait à cause des règles sanctionnant notre retrait volontaire de votre organisation, et que c'était uniquement cette attitude que nous avons toujours cherché à dénoncer, mais vous êtes restés fermés à ma justification.

Et le nouveau coup de massue a été de rappeler le message sms adressé à ta maman il y a quatre ans : « sors de ma vie », ce que tu as encore confirmé mardi, attitude pour le moins cavalière et inadmissible, mais que j'ai toujours considérée comme influencée, malgré tes dénégations. »

Inutile de dire que ces mots me mirent KO, lorsque mon mari, ayant appelé en renfort mon amie, me raconta enfin tout.

Pendant dix minutes, je n'ai rien assimilé, ensuite, je me suis levée de table et il m'est sorti des tripes un cri aigu, une douleur sans nom, et j'ai pleuré. Ce fut comme une paire de claques, mais après je ressentis un lâcher prise immédiat. Enfin, la pièce était tombée !

Depuis, je me sens mieux, je ne l'oublie pas, mais je n'y pense presque plus.

Cela ne servit à rien que je me taise dans le reportage. Il a fallu treize ans pour comprendre ce que je disais moi-même aux autres. Elle sortira peut-être mais d'elle-même, mes efforts n'ont servi à rien.

Tout simplement, elle est ma fille…

Glossaire

L'Organisation des Témoins de Jéhovah change ses consignes et ses définitions au gré des circonstances, dans le but d'être reconnue par les politiques comme religion officielle. Elle a, en outre, des instructions internes qui ne seront jamais accessibles au public. Toutefois, pour que le lecteur puisse comprendre certains termes faisant partie de leur langage, nous avons jugé judicieux de proposer ce glossaire.

Pour obtenir plus d'informations, il serait utile de visiter le site www.aggelia.be créé par nos amis Jacques et Jacqueline.

Ami de la vérité : Avide de connaissance de la Bible, il participe aux réunions et aux activités des Témoins de Jéhovah, mais il n'est pas encore baptisé.

Anciens : voir Congrégation.

Apostasie : L'attitude d'une personne, appelée « apostat », renonçant publiquement à une doctrine ou une religion.

Apostat : Terme désignant quelqu'un qui a abandonné publiquement et volontairement les Témoins de Jéhovah, après avoir été un membre actif de l'Organisation.

Armageddon : Le jour de l'apocalypse, l'intervention de Dieu sur Terre. Au cours de la guerre d'Armageddon, tous les êtres humains seront détruits, sauf les Témoins de Jéhovah, qui survivront sur une Terre paradisiaque, sans plus connaître de maladies, de blessures ou de soucis, et seront gouvernés théocratiquement par les 144 000 élus qui recevront leurs ordres de Dieu.

Babylone la grande : « L'empire mondial des fausses religions ». Dès le XIXe siècle, les Témoins de Jéhovah ont dénoncé les origines païennes de certaines doctrines de la chrétienté comme la Trinité, l'immortalité de l'âme humaine et l'enfer de feu ; ils assimilaient la chrétienté à Babylone la grande, le terme biblique « Babylone » signifiant « confusion ».

Béthel : Complexe immobilier. La Watch Tower Society en édifie un peu partout dans le monde (53 de 1979 à 1991). Le Béthel de Brooklyn à New York est le siège mondial de la Société. Les Béthels de Louviers en France (Eure) et de Selters (Allemagne) s'étendent sur plusieurs hectares et comprennent des imprimeries, de nombreux studios pouvant accueillir des centaines de personnes, un centre administratif et une salle de réunion.

Bible : Celle des Témoins de Jéhovah est le résultat d'une succession de traductions très libres des Écritures.

Les Écritures grecques chrétiennes – Traduction du Monde nouveau –, publiées en 1950, se voulaient une traduction claire, compréhensible pour le lecteur moderne. Le nom personnel de Dieu, Jéhovah, est rétabli dans tout le texte. De 1953 à 1960, les Écritures hébraïques ont été traduites en anglais et publiées progressivement en cinq volumes séparés. En 1961, la Société a publié une édition révisée en un seul volume des saintes Écritures. En 1992, l'ouvrage était disponible en douze langues : allemand, anglais, danois, espagnol, français, italien, japonais, néerlandais, portugais, slovaque, suédois et tchèque.

Selon les Témoins de Jéhovah, la Bible a été écrite par une quarantaine d'hommes, de 1513 av. J.-C. à 98 apr. J.-C. Les adeptes la considèrent comme la Parole de Dieu, supérieure aux idées ou coutumes des hommes. Ils aspirent à suivre ce qu'elle dit dans leur vie de tous les jours : « Seule la Bible nous dit ce que nous devons faire pour plaire à Dieu. » (Brochure *Ce que Dieu attend de nous*, juillet 1996).

Brebis : Ceux qui seront restés fidèles à Jésus et qui recevront la vie éternelle sur la Terre. Les « chèvres », en revanche, sont ceux qui auront rejeté le Royaume de Dieu et que Jésus détruira. Pour être une « brebis » de Jésus, il faut appliquer scrupuleusement les Écritures et rester au sein de l'Organisation.

Circonscription : Division du territoire. Chaque circonscription est elle-même divisée en congrégations. Les assemblées de circonscription réunissent, deux fois par an pendant deux jours, les congrégations de leur secteur pour que soient appliquées les directives de Brooklyn. Le Surveillant de circonscription visite les congrégations. Après entretien avec les Anciens et consultation de la fiche d'activité des proclamateurs, il va voir ceux qui n'ont pas accompli un nombre d'heures suffisant de porte-à-porte et qui ne sont pas venus à toutes les réunions. Il fait lui-même du porte-à-porte avec les Pionniers et les Témoins pour s'assurer du respect des instructions de Brooklyn.

Collège Central : Groupe d'Anciens expérimentés situé à New York. Tout le pouvoir de décision, au niveau mondial, est concentré entre ses mains ; les branches nationales des Témoins de Jéhovah en sont totalement dépendantes.

Comité judiciaire : Appelé aujourd'hui « Comité de discipline Tribunal interne », il prononce les exclusions ou s'emploie à ramener sur le bon chemin les « brebis égarées ». Il est généralement composé de quelques Anciens.

Congrégation : On en compte plus de cent dans plusieurs pays. Elles sont dirigées par un Conseil d'Anciens, lui-même composé de plusieurs membres chargés de l'enseignement et de la surveillance de leur secteur. Chaque congrégation tient cinq réunions par semaine, selon un programme imposé par Brooklyn. Les membres du Conseil sont mis en possession du *Livre des Anciens*, qu'ils sont seuls autorisés à lire, et qui est un Code d'application interne de leurs lois.

District : Ensemble de circonscriptions. Toutes les congrégations se réunissent lors d'une ou de plusieurs assemblées dites de « district », une fois par an, pendant trois jours, suivant un programme établi par Brooklyn. Elles nomment un Surveillant de district qui visite régulièrement les circonscriptions qui le composent et qui préside le programme des assemblées. Il existe aujourd'hui de grandes salles, des « congress hall », destinées aux assemblées de district et comprenant une piscine pour les baptêmes. À défaut, les Témoins louent de grands espaces tels que de grands halls de foire et d'exposition dans les métropoles.

École théocratique : Lors des réunions, les adeptes sont invités à participer à un cours constitué essentiellement d'exercices corrigés et commentés en public. Des petites scènes, ou jeux de rôle, les forment au porte-à-porte. Ils doivent être prêts à répondre aux objections des « gens du monde ». On peut rapprocher cela d'une formation en marketing.

Mensonge théocratique : Le mensonge est interdit. Cependant, dans certaines conditions, le mensonge par omission peut être d'un précieux secours ; il est alors qualifié de « théocratique », ce qui signifie qu'il est commis dans l'intérêt de Jéhovah.

Ministère du champ : Porte-à-porte, témoignage dit « informel » auprès des non-Témoins de Jéhovah, prédications dans les magasins, nouvelles visites lors de placements chez des personnes dites « intéressées », études bibliques sur base d'un de leurs livres, à domicile… Le « champ » est le champ de prédication. Le surveillant au ministère du champ s'occupe de l'organisation de celle-ci. Un rapport écrit, récapitulant les heures mensuelles fournies ainsi que les placements effectués, le nombre de visites et d'études, doit être remis en fin de mois au surveillant.

Ministère du Royaume : Principale revue interne des Témoins de Jéhovah, étudiée par les adeptes lors des réunions. Elle peut aborder des sujets différents d'un pays à l'autre, suivant le comportement à adopter vis-à-vis des pouvoirs publics.

Monde : Tous ceux qui ne sont pas de l'Organisation des Témoins de Jéhovah en font partie ; ils sont pécheurs et condamnés à mort. Ils refusent de louer Jéhovah et servent donc Satan.

Monde nouveau : Monde où tous ceux qui survivront à la grande guerre du jour de Jéhovah pourront vivre sur une Terre restaurée en paradis. Dans ce Monde, il n'y aura plus de guerres, de maladies, de chômage… et même le lion mangera de l'herbe et deviendra le compagnon de jeu de l'enfant.

Pionnier :

– « auxiliaire (occasionnel) » : adepte qui consacre à l'Organisation une très grande partie de son temps (60 heures par mois) pendant un ou plusieurs mois. Il doit être agréé au préalable par les Anciens.

– « permanent » : adepte qui consacre à l'Organisation une plus grande partie de temps encore (1 000 heures par an, soit 90 heures par mois), qui est baptisé depuis au moins six mois et proclamateur exemplaire. Il choisira son territoire, recevra une formation particulière et sera mis en possession du *Livre des Pionniers*.

– « spécial » : adepte choisi parmi les pionniers permanents, qui a particulièrement démontré son efficacité. Il se rend dans un territoire encore non attribué ou isolé, dans le but de former une nouvelle congrégation ; il reçoit une allocation modique.

Proclamateur : C'est le statut principal des adeptes. Il caractérise celui qui transmet la « bonne nouvelle éternelle » en faisant du porte-à-porte. C'est la base de la pyramide.

Prosélytisme : Zèle déployé pour recruter des adeptes.

Selon les Témoins de Jéhovah, tous les vrais chrétiens doivent rendre témoignage : c'est un commandement de Dieu. Lors des réunions, les adeptes travaillent les techniques et les stratégies du porte-à-porte, sous forme de jeux de rôles ou petites scènes (diction, entrée en matière qui éveille l'intérêt, développement des idées, gestuelle…).

Rapport : Toutes les heures de prédication sont comptabilisées par le fidèle, qui remet en fin de mois à sa congrégation un rapport récapitulatif. Si le nombre d'heures est trop peu élevé, l'adepte est invité à montrer plus d'enthousiasme. S'il n'a consacré aucune heure durant un mois ou plus, il reçoit la visite de deux Anciens à son domicile, car cette carence est pour l'Organisation le signe qu'il a sans doute un problème ou qu'il cache des actions malsaines.

Réveillez-Vous !: Une des principales revues jéhovistes distribuée aux adeptes. Le premier numéro, paru le 22 août 1946, mettait l'accent sur la nécessité d'éveiller les gens à la signification des événements du monde qui accomplissent les prophéties de la Bible. Au début de l'année 1993, elle est imprimée en 67 langues et affiche un tirage bimensuel de 13,2 millions d'exemplaires.

Salle d'assemblée : Grande salle dans laquelle ont lieu des réunions tous les six mois pour plusieurs jours. La cérémonie du baptême commence dans cette salle.

Salle du Royaume : Temple des Témoins de Jéhovah où se tiennent les réunions. Cette salle est beaucoup plus petite que la Salle d'assemblée. Dans le fond de la salle, des boîtes sont prévues pour les offrandes dites « volontaires ».

Serviteur ministériel : Aujourd'hui appelé « assistant ministériel ». Dans la hiérarchie, il est placé immédiatement au-dessus des Témoins ordinaires. Il supervise leurs activités, tient les fichiers, attribue les territoires aux Proclamateurs. Parmi les assistants ministériels, on distingue les serviteurs aux comptes, les serviteurs aux publications, à l'étude, etc.

Serviteur de circonscription (actuellement « surveillant de circonscription ») : voir *Circonscription*.

Tour de Garde : Une des principales revues jéhovistes cédées aux adeptes. Appelée ainsi parce que le siège mondial de l'Organisation, qui se trouve à New York, se nomme Watch Tower Bible and Tract Society. Selon le guide de la presse 1990, elle publie « des textes à mi-chemin entre le catéchisme pour enfants et le reportage style *Reader's Digest*, des dessins à la Cecil B. de *Mille* et des photos surannées. » Les Témoins de Jéhovah y voient le moyen de communication entre Dieu et son peuple. C'est, selon eux, Dieu lui-même qui en inspire le contenu et le Témoin doit s'en imprégner en toute confiance. Sans ce périodique édité par la tête de la pyramide, seul lien entre Dieu et les hommes, le Témoin ne pourrait pas comprendre la Bible.

Postface

Une corde brisée au doigt du guitariste
Et pourtant je vous dis que le bonheur existe
Ailleurs que dans le Ciel
Ailleurs que dans les nues
Terre, terre voici ces rades inconnues.
Louis Aragon, *J'entends, j'entends*

Le poète a souvent raison. Le psychanalyste ne dira pas le contraire.

Ces vers d'Aragon peuvent conclure le beau livre de témoignage de Michèle Bastin. La déconvenue est un sanglot ! Quelle déconvenue ! Quels sanglots que de quitter une telle organisation ! Sortir d'un guet-apens tendu par des semblables, quelquefois d'autres soi-même. Sortir des mains d'un ou de plusieurs gourous, pour les uns parfaitement conscients, pour d'autres d'autant plus redoutables qu'ils sont manipulés par les précédents. Dans l'un et l'autre cas, les loups-garous des romans sont de tendres agneaux comparés à ces personnages au triple visage : ange, démon et bête.

Ange, car ils proposent les cieux les plus radieux, les illusions les plus délicieuses.

Démon, car la perversité de leur discours est souvent recouverte d'une cohérence apparente par une telle allure bonhomme qu'on leur « donnerait le bon Dieu sans confession ».

Bête dans les deux sens du terme. Sous une apparence d'intelligence, de clarté, ils rabâchent ce que leur a transmis une soi-disant tradition sans accepter la nuance ou l'objection. Le refus de l'objection n'est pas simplement un signe d'intolérance bornée, c'est aussi un vrai signe de bêtise, de limite de cette faculté qui fait l'homme libre : la raison.

Bête, car si les loups-garous relèvent de l'imaginaire, nous nous trouvons devant ces gourous face à tout ce que peut symboliser le reptile, le carnassier, le fauve, les grands prédateurs.

Déconvenue et sanglots pour avoir été pris au piège. Doutes sur sa raison. Blessures dont les cicatrices ne demandent qu'à se rouvrir et dont, vous le savez, le sang est quelquefois celui du suicide.

La corde est brisée au doigt du guitariste. Qui croyait chanter la vie, chante la mort. Quoi qu'en dise le discours pacifiant des « gourous instructeurs », comme l'alcool et la drogue, c'est la mort qu'il inocule. N'est-ce pas une façon de tuer que de laisser croire que le sens de la vie réside dans l'impasse d'un discours dans lequel il faut se couler ? Sur l'eau qui s'écoule de la source à l'océan, voici tel un bateau en papier, la petite épave portée par un flot qui se fait tantôt calme, tantôt tempétueux pour se perdre enfin dans les eaux d'un océan dont il est difficile de retrouver les berges.

Cette communauté religieuse est intempérante au même titre que l'alcoolisme ou la toxicomanie. Elle est intempérante également au sens sexuel du terme. Sous l'apparence d'une grande rigueur morale, elle couvre les pulsions les plus primaires et, sous prétexte de les encadrer, de les réprimer, elle les exacerbe d'une manière telle qu'elle permet toutes les aberrations que peut connaître la sexualité. Elle cache un arsenal de boutiquier capable du pire, en vous laissant croire qu'il vous donne le meilleur. Ce qui est une définition simple de la perversité. Tous les arguments sont bons pour piéger la victime. Une soi-disant psychologie, par exemple : on vous aide à relire votre vie. Une soi-disant spiritualité : on vous fait miroiter les cimes du beau et du bon. Un soi-disant art de vivre, d'autant plus dangereux qu'hors de ce mouvement religieux, point de salut. L'esprit est pris au piège. Et le client entraîné par la foule d'autres clients, n'a plus qu'à payer cher de son argent et de sa vie, son anéantissement. La corde est brisée. Le bâton qui devait permettre de gravir la montagne de la vie n'est plus qu'un poteau de gibet, un instrument d'étranglement.

Pourtant le bonheur existe. Certes oui, mais « qui parle de bonheur à souvent les yeux tristes ». Tristes en pensant au passé. Les structures sadiques, masochistes, ou les deux à la fois, de l'histoire de toute personnalité ne manquent jamais de ressortir dans ce que d'aucuns considèrent comme une secte. Comment peut-on alors être heureux ? Comment peut-on rendre l'autre heureux ? Est-il possible d'être heureux en quittant les gourous ? Comment réparer ce qui a été brisé ? Comment couper cette corde à laquelle on a failli se pendre et dont il pourrait bien se faire que, par désespoir et après bien des années, ayant été abandonné par des gourous ou les ayant délaissés, on la retrouve au détour d'une détresse inattendue ?

La brisure, la cassure a du bon. C'est le lieu, c'est le temps de relire avec un autre regard son histoire. On demande souvent au psychanalyste s'il est croyant. On ne voudrait pas perdre la foi sur les coussins de son canapé. La foi, d'où qu'elle vienne, est objet d'analyse, comme la vie, les rêves, les lapsus, la sexualité. Ces objets d'analyse ont pour objectif de rendre au sujet le bonheur de dire « je ». Il y a certes beaucoup de méthodes analytiques. Si la psychanalyse est l'art de se retrouver, elle est aussi le travail méthodique qui y conduit par des chemins différents.

L'objectif demeure de ne jamais abandonner celui qui souffre dans ce qu'il vit comme les impasses de son conscient et de son inconscient, mais de l'aider paisiblement à cheminer vers une meilleure ouverture à lui-même, vers une lucidité dont il est possible que la tranquillité sereine et consciente l'emporte sur le tragique.

Illusions. L'homme sans illusions n'est jamais désabusé, car il fait la part entre l'illusion et la réalité. Bien entendu, le rêve ou le fantasme, soumis à l'analyse, reste un chemin royal pour comprendre le réel. Nous voici encore au rendez-vous de ces groupements religieux.

Les gourous promettent le bonheur éternel au prix de manipulations en tous genres : intellectuelles, affectives, sexuelles, matérielles. Si quelquefois, pour reprendre une expression populaire c'est une bonne manière « de s'envoyer en l'air », la chute risque d'en être plus grave encore.

Les nues sont le lieu des gourous. En fil direct avec une divinité, ils ne peuvent « ni se tromper ni nous tromper ». Le gourou piétine sa victime comme il est lui-même piétiné par ses aberrations morbides et perverses. Celles-ci sont utilisées comme défense et illustration de sa personnalité à la dérive. Bien sûr, il est risqué de s'attaquer à un pachyderme : il fonce, défonce et piétine. Pourtant, il faut en prendre le risque. Les lois sociales ne sont pas toujours habiles à aider la victime. La vengeance, par ailleurs, est mauvaise conseillère. Ce harcèlement est d'autant plus redoutable que, souvent, les victimes en sont demandeuses. De même que l'alcoolique, le toxicomane doit briser sa dépendance pour retrouver, derrière le « je » malade, quelqu'un d'autre qui soit lui-même. Il s'agit, pour la victime du gourou, de briser une dépendance. La mort du père peut alors annuler la pulsion destructrice qui avait conduit à le suivre aveuglément. Il faut toutefois toujours se rappeler que, comme pour l'alcoolique et le toxicomane, un pli a été pris. Que la feuille dépliée, comme épanouie, conserve une trace que rien ne pourra effacer et envers laquelle il conviendra de rester vigilant. La vigilance permettra d'ailleurs de comprendre que le pli, parfois, n'est pas que mauvais. L'apprentissage de la résistance à la mort donne un sérieux bon goût à la vie.

« Terre, Terre, voici ses rades inconnues. » Si tout n'est pas possible, beaucoup reste toujours à faire.

Dans ce qu'il reste à faire, le travail porte d'abord sur soi-même, sur un lendemain qui peut être meilleur qu'hier.

Sur la raison qui, passée au crible de la critique, assouplit l'intelligence et redonne le goût de la recherche.

Sur ce que nous appellerons la responsabilité, cette aptitude de répondre sainement et clairement de ce qu'on dit et fait devant la société.

Sur ce qu'il est coutume d'appeler « la spiritualité », c'est-à-dire l'ouverture à un infini.

Mais attention : l'ange, le démon, la bête, veille. Et en se plaçant sur de nouvelles voies, il peut y avoir un risque plus grand encore de devenir une autre proie et de s'enfoncer dans des ténèbres aussi redoutables que celles que la victime avait cherché à fuir. « Qui parle de bonheur a souvent les yeux tristes. » Il n'y a pas de lutte sans coup. Le psychanalyste peut ajouter « sans coût ». Il faut payer.

De certaines blessures ? Cet amour dans ces communautés est une arnaque. Le gourou est une « pompe à fric » camouflée en jackpot (on peut toujours gagner) ou en escroc (ni vu, ni pris, je te dévalise). Dans les deux situations, il faut réapprendre un libre usage de l'argent.

Mon embarras est grand pour parler du bonheur. Je ne peux oublier cette pensée de Freud, dans son œuvre magistrale *Malaise dans la civilisation* : « L'homme s'était fait depuis longtemps un idéal de la toute-puissance et de l'omniscience et il l'incarnait dans ses dieux. Maintenant qu'il s'est considérablement rapproché de cet idéal, il est devenu lui-même presque un dieu. Mais seulement, en vérité, à la manière dont les humains savent en général atteindre à leur type de perfection, c'est-à-dire incomplètement : sur certains points pas du tout, sur d'autres à moitié. L'homme est devenu pour ainsi dire une sorte de dieu prothétique, dieu certes admirable s'il revêt ses organes auxiliaires, mais ceux-ci n'ont pas poussé avec lui et lui donnent souvent bien du mal. »

Lorsque les organes auxiliaires font mal, le gourou sait immédiatement vous saisir. Voici un regard sans illusion posé sur l'homme. La perspicacité humoristique de Freud peut être source de sérénité ou d'angoisse devant les dangers.

La sérénité est un fruit de la raison critique. C'est une façon de nommer le bonheur.

Jean-Louis DUCAMP, psychanalyste

Remerciements

Merci à mon cher mari qui m'a soutenue lors de la rédaction de notre histoire.
Merci à la personne – ni victime ni co-victime – qui m'a prêté son regard extérieur, alors qu'il m'était impossible de réécouter les paroles que j'avais livrées à l'enregistreur, tant la souffrance m'envahissait. Elle m'a permis d'enfin « cristalliser » mon parcours.
Merci aussi à tous ceux qui, de près ou de loin, nous ont aidés lorsque nos chaînes se sont enfin brisées et nous ont épaulés dans notre détermination à préférer, malgré tout, endurer debout plutôt que rester soumis à genoux !
Les bénéfices de ce livre iront à l'ASBL AVCS qui les emploiera aux fins pour lesquelles cette association a été créée : non à la lutte mais à l'aide aux victimes des comportements sectaires.
Que la co-administratrice d'AVCS, Marie-Claire, soit aussi chaleureusement remerciée pour sa présence à nos côtés et pour sa relecture de cet ouvrage.

Annexe 1

Conseils aux proches d'adeptes

Ne vous culpabilisez pas. Le seul responsable est le gourou. En vous culpabilisant, il se peut que vous cherchiez à vous sentir moins impuissant. Ou encore, à trouver un sens à ce qui vous paraît n'en avoir aucun. Ce serait de votre part une attitude compréhensible. Mais le conditionnement est tel que votre culpabilité le renforce. Si vous vous remettez en question, cela ne doit pas être en terme de faute passée, mais de relation présente et future avec l'adepte. En général, la famille est le groupe d'appartenance le plus fort qu'ait connu l'adepte, donc le plus à même de l'aider. Il est important qu'elle évalue puis transforme son fonctionnement interne, afin que ses membres se sentent mieux entre eux, et l'adepte avec eux. Dans ce cas, le moment venu, il trouvera plus facilement la force de quitter la secte pour rejoindre les siens. Aucune famille n'est parfaite. Que l'entrée de l'adepte dans une communauté soit pour sa famille une occasion d'assainir les relations entre ses membres.

N'essayez pas de convaincre l'adepte. Plus vous argumenterez, plus vous convaincrez l'adepte que sa communauté a raison. C'est un effet paradoxal du conditionnement qui est difficile à comprendre mais fondamental. De toute façon, l'essentiel n'est pas dans les croyances éventuellement bizarres du groupe mais dans l'emprise que ce dernier exerce sur l'adepte. Une façon de s'y retrouver, c'est d'imaginer l'adepte coupé en deux : d'une part l'ancienne identité (moi-famille) qui entend les émotions de ses proches, mais qui est incapable de leur répondre et, d'autre part, la nouvelle identité (moi-communauté) qui entend les arguments de ses proches mais les interprète comme une agression à son égard et répond par la mauvaise foi, voire par une agressivité qui peut dégénérer en rupture.

Gardez le lien sous une forme ou une autre. Le moi-communauté, soit sonne faux soit est plus ou moins désagréable à fréquenter, mais il ne faut pas se décourager. Il faut parler à l'adepte dans un langage propre à renforcer les liens familiaux, même si on a l'impression de ne pas être entendu. On dit parfois qu'il ne faut pas parler à l'adepte de choses désagréables. Mais une fois de plus, aucune famille n'est parfaite. Faire semblant que tout va bien, c'est tomber dans le même travers que la communauté. Il faut tâcher d'être le plus vrai possible. À l'opposé de la perfection, il y a la chaleur. À l'opposé des discours sur l'amour et sur la charité obligée, il y a le foyer familial. On peut même verser des larmes, du moment que cela ne devient pas un moyen de pression. Si vous vous engagez dans le bras de fer avec la communauté, d'abord vous ferez le même geste que cette dernière envers l'adepte (le conditionnement) et ensuite, vous perdrez. Parlez à l'adepte du passé que vous avez en commun avec lui. Proposez-lui des projets correspondant à ses anciens pôles d'intérêt.

Posez vos limites. Pour l'adepte, les lois de sa communauté l'emportent sur celles de la société. Comment lui faire respecter les règles de la vie en société sans que votre intervention paraisse agressive ? Ne lui faites jamais la morale. Il pense être plus moral que vous. Et oui, essayer de le culpabiliser, c'est faire pression sur lui. Par contre, vous pouvez lui dire que vous n'êtes pas d'accord avec quelque chose, tout en précisant que cela n'entame en rien l'amour que vous lui portez. De façon plus générale, ne perdez pas de vue que la vie continue, qu'il n'est pas nécessaire de la faire tourner autour de l'adepte, si fort que soit votre désir de l'aider.

Préparez la sortie. À sa sortie de sa communauté, l'ex-adepte a besoin de trois types de renseignements :

- sur l'emprise au sens large
- sur les coulisses de la communauté dont il sort
- sur ce qui s'est passé pour ses proches pendant qu'il était

sous emprise.

Le temps de la communauté est un temps d'éternelle répétition des mêmes actes et des mêmes émotions. Il faut aider l'ex-adepte à retrouver les moments de son histoire. Un bon moyen est de lui donner à lire un compte rendu des observations que vous avez faites de lui pendant qu'il était dans sa communauté, ses changements d'attitude et de comportements, quelques conversations qui vous ont frappé, les indices qui vous ont convaincu qu'il était sous emprise, l'évolution de vos relations avec lui, etc.

N'hésitez pas à demander de l'aide. Vous vivez un problème très particulier pour lequel vos solutions habituelles sont probablement mises en échec. Beaucoup de personnes dans votre situation s'enferment dans une solitude honteuse. Il ne faut pas. Choisissez ceux de vos proches qui sont suffisamment pondérés pour ne pas « rentrer dans le lard » de l'adepte et partagez votre secret : il sera moins lourd. N'hésitez pas à consulter des aidants professionnels. Essayez de rencontrer des personnes dans une situation semblable à la vôtre, ainsi que des ex-adeptes. Il ne faut pas perdre l'espoir, ni la patience.

Annexe II

Les étapes à franchir pour retrouver une vie « normale »

Pour un ex-adepte et, *a fortiori*, pour un couple ou une famille d'ex-adeptes, il n'est pas toujours facile de retrouver une vie « normale » :

1) Le conditionnement : il leur reste un certain nombre d'automatismes de pensées et de comportements susceptibles de les mettre en porte-à-faux vis-à-vis des gens qui n'ont pas vécu la même expérience. Y compris, d'ailleurs, vis-à-vis des professionnels de la santé mentale qu'ils pourraient être amenés à consulter, si ceux-ci ne croient pas à la possibilité de la manipulation mentale.

2) Les phobies. Il peut leur rester une ou des phobies tenaces qu'il convient de débloquer avec les autres automatismes en remontant à leur source. Précisons qu'il est impossible de changer la personnalité de quelqu'un… Par manipulation mentale, il faut entendre une modification de la perception du monde. Ce type de modification peut s'inverser assez rapidement à condition de trouver la clé.

Dans la plupart des cas, lire l'un ou l'autre livre sur les techniques de manipulation et/ou sur le groupe considéré peut suffire. Rencontrer d'autres ex-adeptes peut s'avérer indispensable. Il n'y a pas de honte à demander de l'aide à des intervenants spécialisés.

3) Le temps. Pendant leur adhésion à la communauté, le cours normal de leur histoire s'est interrompu. Il leur faut se réinsérer dans une histoire qui n'est ni ce qu'elle était au moment de l'interruption ni évidemment l'histoire dans la communauté. C'est toute une reconstruction, qui demande beaucoup de créativité, à la fois pour faire la synthèse et potentialiser tous les possibles, et pour faire le deuil de ce qui serait devenu impossible. Il leur faut, entre autres, remplir l'immense vide laissé dans leurs loisirs, aussi bien que dans leur vie spirituelle, ou encore dans le tissu relationnel.

4) Les proches « à l'extérieur » : il leur faut affronter les proches qui auraient été blessés par l'épisode de la communauté, dépasser la culpabilité (inutile aussi bien qu'injustifiée) pour arriver à une position responsable, c'est-à-dire prendre sur soi de réparer ce qui peut l'être, et tirer le positif de son expérience. Cette étape est souvent la plus difficile, en ce sens qu'elle réclame énormément d'énergie à des personnes qui souvent sont déçues, déprimées, etc.

5) Les proches « à l'intérieur » : il reste le problème des proches que l'on laisse derrière soi dans la communauté et avec lesquels, trop souvent, le contact devient difficile, voire se rompt. Il convient de déterminer ce qui est le plus

important, de l'affection qu'on a gardé vis-à-vis d'eux et de la haine qu'on a développée pour le système dans lequel ils sont pris. Il arrive régulièrement que la rupture ne soit pas imputable au désir de l'adepte ou à une manœuvre du groupe, mais à la colère qui se développe de part et d'autre. Ceci dit, il ne faut pas tomber dans l'excès contraire, consistant à nier qu'il y ait un problème.

Annexe III

Dix critères qui doivent vous faire réfléchir

1) Contrôle du milieu : « limitation délibérée de toutes les communications avec le monde extérieur, privation de sommeil, alimentation altérée, contrôle sur ce que l'on voit et à qui on parle ».

2) Manipulation mystique : « enseigner que le groupe de contrôle a un but très spécial (divin) et que le sujet a été choisi pour jouer un rôle bien particulier dans la réalisation de ce but ».

3) Besoin de pureté : « convaincre le sujet de son impureté passée et de la nécessité de devenir pur ou parfait (de la façon définie par le groupe de contrôle) ».

4) Actes de trahison symbolique « et de renoncement au Moi, à la famille et aux anciennes valeurs, afin d'augmenter le fossé psychologique entre la recrue et son mode de vie antérieur ».

5) Confession : « amener le sujet à abaisser ses barrières

et à discuter publiquement de ses peurs et angoisses les plus secrètes ».

6) Science sacrée : « convaincre le sujet que les croyances du groupe de contrôle sont le seul système de croyances possible et doit donc, par conséquent, être accepté et suivi ».

7 A) Le poids du langage : « créer un vocabulaire nouveau, en créant des mots nouveaux qui ont un sens spécial compris uniquement par les membres du groupe, ou en donnant un sens nouveau et particulier à des mots ou des phrases courants ». Hypnose : « usage de slogans et de chants, de techniques qui bloquent la réflexion et obligent l'adepte à ne jamais se laisser distraire ».

7 B) Les tâches aliénantes : « affectation de la recrue à des tâches monotones et répétitives, telles que réciter, ou recopier des textes ».

8) La doctrine au-dessus de l'individu : « convaincre le sujet que le groupe et sa doctrine sont au-dessus de n'importe quel individu ou enseignement, s'il vient du dehors ».

9) Disposer des vies : « enseigner au sujet que celui qui n'est pas d'accord avec la philosophie du groupe de contrôle est condamné ».

Tous ces critères ne doivent pas forcément être réunis mais le fait d'en retrouver certains doivent attirer votre attention.

(Extraits des écrits de Robert Lifton et Margaret Singer)

Table des matières

Annexes